DIREKTVERTRIEB

ganz einfach

Die Autorin

Beate Ziemann, geb. 1960 in Hamburg, ist seit 28 Jahren sehr erfolgreich in unterschiedlichen Positionen des Direktvertriebs tätig. Als Gebietsleiterin und Vertriebsleiterin hat sie verschiedene Direktvertriebe kennengelernt und mit Begeisterung Menschen auf dem Erfolgsweg begleitet. Derzeit ist Frau Ziemann im Trainingsbereich im Direktvertrieb tätig.

Ihre fundierten Erfahrungen und Kenntnisse gibt sie in diesem Buch an Direktvertriebs-Neueinsteiger und Interessierte weiter. Durch diverse Tipps und Tricks und kurze Erfahrungsberichte ist ein Ratgeber entstanden, der leicht lesbar und durchaus unterhaltsam ist.

Beate Ziemann

DIREKTVERTRIEB

ganz einfach

Beate Ziemann

© 2019 Beate Ziemann
Umschlaggestaltung: Beate Ziemann
Lektorat, Korrektorat: Beate Rossa

Verlag und Druck: tredition GmbH, Halenreie 40-44, 22359
Hamburg

ISBN Taschenbuch: 978-3-7482-5586-4
ISBN Hardcover: 978-3-7482-5587-1
ISBN e-Book: 978-3-7482-5588-8

INHALT

Vorwort 7

Einleitung 9

Erklärung zu den verwendeten Begriffen/Abkürzungen............. 16

Über mich... 18

Die Wahl des passenden Direktvertriebs 24

CHECKLISTE 35

NOTIZEN 36

Der Start.. 39

Die ersten Präsentationen 42

Die hoch motivierte Gastgeberin 44

Die regelmäßige Gastgeberin...................................... 50

CHECKLISTE 57

NOTIZEN 58

Der Spannungsbogen und Ablauf einer Präsentation................. 59

CHECKLISTE 69

NOTIZEN 70

Die Präsentation und „kaufen lassen" 71

„Kaufen lassen" 87

CHECKLISTE 89

NOTIZEN 90

Zauberwort „Weiterbuchung" 97

CHECKLISTE 103

NOTIZEN 104

Die Kundenkartei und der Aufbau eines Fanclubs 105

Einblicke in die Welt der Direktvertriebe/Besonderheiten des DV
.... 113

Persönliche Zielsetzung... 117

After Sales 120

Das Telefonieren, die Außenbuchungen und die Kaltaquise 122

Service – Kompetenz... 130

Vom Umgang mit Stornos 141

Terminverschiebungen / Terminabsagen (kurz TV und TA)....... 144

Der Gewerbeschein / die Seuern 146

Thema „wieder aufstehen"...147

Die Vorteile des Direktvertriebs zusammengefasst 150

Nachwort.. 152

Vorwort

Herzlich willkommen in der Welt der Direktvertriebe!

Dies ist ein Buch für all diejenigen, die dauerhaft im Direktvertrieb erfolgreich sein wollen.

Alles, was Sie hier lesen, habe ich erlebt, und meine Erfahrungen und Erfolge im Direktvertrieb haben mich schließlich animiert, dieses Buch für Sie zu schreiben.

Hinweis: Die Inhalte dieses Buches beziehen sich auf meine Erfahrungen im klassischen Direktvertrieb.

Das Gelernte und Erlebte aus 28 Jahren Tätigkeit in dieser Branche bildet die Grundlage dieses Buches.

Verkaufs-Trainings, Telefonworkshops, Messe-Trainings, Teambildungs-Seminare, Service-Kompetenz-Seminare, erfolgreiche Kundenpflege, Präsentations-Training, lernen erfolgreicher Kaltakquise - all diese Themen gehörten in meiner Funktion als Gebietsleiterin sowie als Vertriebsleiterin zum Tagesgeschäft.

Die Aus- und Weiterbildung von Mitarbeitern finde ich spannend und Menschen auf dem Weg zum Erfolg zu unterstützen erfüllt mich.

Daher ist es mir ein Anliegen, mein Wissen gebündelt weiterzugeben.

Zusätzlich animiert mich, dass ich immer wieder erlebt habe, dass Mitarbeiter sich superschnell weiterentwickelten, wenn sie nur frühzeitig hilfreiche Tipps mit auf den Weg bekamen.

Einleitung

Begonnen hat für mich alles mit der Tätigkeit als Beraterin, dem Verkauf von Schmuck im Direktvertrieb und kurz darauf mit dem Aufbau eines Teams von Beraterinnen. Diese Jahre „an der Front" habe ich in allen späteren Positionen als großen Vorteil erlebt.

Die Inhalte meiner Workshops oder Schulungen sind nicht einem Lehrbuch entnommen, sondern dem Leben!

Sie finden hier aber nicht einfach meine Geschichte und meine Erfahrungen, sondern auch die Erfahrungen sehr vieler Menschen, die ich im Laufe der Jahre begleitet habe.

Ich verrate Ihnen etliche Tipps und Tricks rund um den Direktvertrieb und werde Ihnen viele Beispiele von erfolgreichen Menschen nennen.

Vorab ein paar persönliche Einschätzungen zum Direktvertrieb:

1. Das Arbeiten im Direktvertrieb gehört zu den wenigen Möglichkeiten, eine Selbstständigkeit ohne nennenswerte Kosten zu starten.

2. Egal, ob Sie ein Einkommen NEBEN einem Vollzeitjob, einer Teilzeitbeschäftigung, neben der Arbeitslosigkeit, der Rente oder als Hausfrau suchen, für jeden besteht hier (unter Berücksichtigung der gesetzlichen Bestimmungen) die Möglichkeit, Geld hinzuzuverdienen.

3. Eine Besonderheit des Direktvertriebes ist ebenfalls, dass das Alter der Beraterin oder des Beraters hier keine Rolle spielt.

4. Gerade in unserer virtuellen, zunehmend anonymen Welt hat der Direktvertrieb, insbesondere durch den Event-Charakter, heute wieder einen großen Stellenwert in der Wirtschaft.

„Die Verkaufsparty bedient die Sehnsucht nach dem Haptischen in unseren virtuellen Zeiten."
(Prof. Dr. Florian Kraus)

Die Direktvertriebsunternehmen konnten in dem Jahrzehnt von 2007 bis 2017 ihre Umsätze fast VERDOPPELN!

Die Zahlen belegen diese Entwicklung:

Thermomix- und Tupperware – Direktvertrieb wächst
Umsatz deutscher Direktvertriebsunternehmen in Mrd. Euro

2007	2008	2009	2010	2011	2012	2013	2014	2015	2016	2017
8,7	9,8	11,4	12,7	13,0	14,0	14,6	15,3	16,3	17,0	18,4*

* Prognose
@Statista_com   Quelle: BDD Bundesverband Direktvertrieb Deutschland

statista

Der zunehmende Onlinehandel führte in den vergangenen Jahren im stationären Handel in vielen Branchen zu einem Umsatzrückgang. Diese Umsatzrückgänge wurden häufig dadurch kompensiert, dass immer weniger und immer seltener gut ausgebildete Verkäufer für den Kunden zur Verfügung standen.

Hier profitiert der Direktvertrieb davon, dass das Bedürfnis nach persönlicher, qualifizierter und freundlicher Beratung zusätzlich zum Onlinekonsum vorhanden ist.

Gleichzeitig haben viele Direktvertriebe die Kombination aus Verkaufsveranstaltungen und Onlinehandel für sich entdeckt. Dies ist eine Kombination, die absolut zeitgemäß ist und den Wünschen vieler Konsumenten entgegenkommt.

Auf einer Präsentation können die Kunden das Produkt in Ruhe kennenlernen, Hintergrundinformationen erhalten und haben außerdem einen persönlichen Ansprechpartner.

In anderen Situationen und Lebensphasen ist der Onlinehandel wiederum von Vorteil, da hier spontan bestellt werden kann.

Der besondere Zauber des Direktvertriebes:

das Erlebnis, im Kreis von Freunden oder der Familie im Rahmen einer tollen Präsentation zu shoppen, sich auszutauschen und in angenehmer Atmosphäre beraten zu lassen. Für den Verkäufer ist es ein ebenso intensives „sich einlassen" auf die Kunden. Das gibt es so im klassischen Verkauf nur noch selten.

Im Direktvertrieb zu arbeiten ist häufig eine schnelle, oft emotionale und situationsabhängige Entscheidung.

Entweder aus einer Präsentation heraus, weil ein Freund jemanden überredet, weil jemand im Direktvertrieb „dringend" noch einen neuen Mitarbeiter benötigt oder weil man mal etwas Neues ausprobieren möchte ...! Es gibt sehr viele unterschiedliche Gründe, spontan, ohne lange Überlegungen in einen Direktvertrieb einzusteigen.

Wenn es nicht klappt, hört man ebenso schnell wieder auf, wie man begonnen hat.

Das ist Gott sei Dank in allen Direktvertrieben sehr einfach.

Mein Fokus liegt in diesem Buch auf denen, die sich gerne langfristig etwas aufbauen wollen, die Lust haben, sich ein zweites Standbein zu schaffen.

Nun haben Sie dieses Buch in der Hand und können vieles lesen, auf das Sie achten sollten.

Für Sie soll dieser Ratgeber, zusätzlich zu dem, was Ihnen in „Ihrem" Direktvertrieb an Schulungen angeboten wird, eine Hilfe und auch ein Leitfaden sein.

Sie sind es, für die ich dieses Buch geschrieben habe.

Ich möchte Sie von meinen Erfahrungen profitieren lassen und Ihnen damit die Möglichkeit geben, sich auf die erfolgsrelevanten Themen des Direktvertriebes zu konzentrieren.

Es geht hier um Tipps und Tricks. Nichts von dem, was ich Ihnen berichte, ist in Stein gemeißelt. Damit möchte ich ausdrücken, dass natürlich nicht jeder Vorschlag, ein Vorhaben anzugehen, zu jedem Leser passt.

Suchen Sie sich aus diesem Buch die Dinge heraus, die Ihrer Persönlichkeit und Ihrer Art, mit verschiedenen Themen umzugehen, entsprechen.

Sie finden in diesem Buch einige Checklisten, die Sie mit Ihren persönlichen Anmerkungen zu dem jeweiligen Thema füllen können. Die Gliederung nach Themen ermöglicht es Ihnen, schnell zu den für Sie wichtigen Themen zurückzublättern.

Was sollten Sie bedenken, wenn Sie sich mit einem Direktvertrieb langfristig ein zweites Standbein oder sogar eine erfolgreiche Karriere aufbauen möchten?

In Deutschland gibt es aktuell (2018) circa 550 Direktvertriebe. Dort finden Sie fast alle Produkte, die auch in traditionellen Geschäften zu finden sind:

Dekorative sowie pflegende Kosmetik, Küchenmaschinen, Kunststoffbehälter, Wein, Heimwerkzeuge, Bekleidung, Bastelzubehör, Schmuck, Reinigungsmittel, Nahrungsergänzungsmittel, Bioprodukte, Erotik-Artikel, Tiernahrung, Dessous.

Im Bereich der Dienstleistungen: Solarprodukte, Versicherungen, Finanzdienstleistungen, Telekommunikation; die Liste wäre endlos zu erweitern.

Wie sollen Sie, bei der Fülle der Angebote, das für Sie persönlich am besten passende Angebot finden? Wo sind die gravierenden Unterschiede zwischen den einzelnen Unternehmen?

All dies erfahren Sie in diesem Buch!

Ehrlich und aus der Erfahrung heraus werde ich Ihnen alle Chancen und natürlich auch die Stolpersteine, die es im Direktvertrieb gibt, aufzeigen.

Wenn Sie bereits im Direktvertrieb tätig sind, dann mögen Ihnen die Tipps und Tricks, die Sie hier finden, eine Hilfe sein, um Sie schneller an Ihr persönliches Ziel zu bringen!

Erklärungen zu den verwendeten Begriffen/Abkürzungen

Im Direktvertrieb haben sowohl die Veranstaltungen als auch die selbstständigen Mitarbeiter unterschiedliche Bezeichnungen. Zum leichteren Lesen habe ich mich für jeweils eine dieser Bezeichnungen entschieden.

Ebenso finden Sie zu einigen Begriffen die Abkürzungen, die hier ebenfalls erläutert werden.

Bezeichnungen:

- ❖ Präsentation = Party = Infoveranstaltung = Beratung
- ❖ Berater*in = Präsentant*in = Coach = Stylistin = Repräsentant*in = Vertriebspartner

Abkürzungen:

- ❖ Direktvertrieb = DV
- ❖ Gastgeber*in = GG
- ❖ Gastgeber*innen-Vorbereitung = GGV
- ❖ Termin-Verschiebung = TV
- ❖ Termin-Absage = TA
- ❖ Weiterbuchung = WB
- ❖ Außenbuchung = AB (Termine, die außerhalb von Präsentationen gebucht werden)
- ❖ Mitarbeiter = MA

Ich bitte um Ihr Verständnis dafür, dass ich dieses Buch für die bessere Lesbarkeit überwiegend in der weiblichen Form geschrieben habe, selbstverständlich sind immer beide Geschlechter angesprochen.

Über mich

Damit Sie wissen, wessen Blick auf die Themen des Direktvertriebs Sie hier lesen, möchte ich Ihnen gerne kurz von meinem Werdegang erzählen:

Meine drei Kinder waren zweieinhalb (Zwillinge) und neun Monate alt, als ich auf einer Party eines bedeutenden Schmuckhandelsunternehmens als Beraterin angeworben wurde.

Das kennen Sie sicher:

Man erzählte mir, was mich in dieser Firma alles an positiven Dingen erwarten würde:
Ein wenig Geld nebenbei verdienen, Spaß auf den Präsentationen, eine tolle zeitliche Vereinbarkeit mit der Familie, natürlich eine Menge netter Kolleginnen und Kollegen und die Möglichkeit, viele neue Menschen kennenzulernen.

Klar, als junge Mutter habe ich sofort Ja gesagt!

Im Leben hätte ich mir nicht träumen lassen, dass dies der erste Schritt zu einer so erfolgreichen und glücklichen Karriere sein würde!

Als Beraterin hatte ich superviel Spaß am Verkauf, und sehr schnell habe ich mich auch für das Empfehlen neuer Kolleginnen begeistern können. Es war einfach so, dass ich es toll fand, Menschen, mit denen ich gerne zusammenarbeiten wollte, in die Firma zu bringen. So wurde ich sehr schnell Teamberaterin. Sechs Jahre nach meinem Start als Beraterin, zu diesem Zeitpunkt war ich schon mehr als fünf Jahre als Teamleiterin tätig, ging meine Ehe leider in die Brüche. Drei Kinder, ein mit Hypotheken beladenes Haus und ein Hund brauchten meine ganze Aufmerksamkeit und sehr viel Geld!

Als zu diesem Zeitpunkt in meinem Gebiet die Position der Gebietsleiterin neu zu besetzen war, habe ich nicht gezögert, mich zu bewerben, und habe die Stelle tatsächlich bekommen. Eine flexible Arbeitszeit machte es mir möglich, trotz des Jobs ausreichend Zeit für meine Kinder zu haben.

Durch eine intensive und kontinuierliche Weiterbildung in diversen Schulungen und Trainings ist es mir gelungen, in diese Position mit der Verantwortlichkeit für bis zu 150 Mitarbeiter (Beraterinnen) hineinzuwachsen und die gestellten Anforderungen zu erfüllen.

Die vielen Menschen, die ich als Gebietsleiterin auf dem Weg zum Erfolg unterstützt habe, sind der Grund dafür, dass ich davon überzeugt bin, dass die Selbstständigkeit im DV, unabhängig vom ursprünglich erlernten Beruf, für viele Menschen eine Chance auf einen tollen Verdienst bietet.

Es ist mir gelungen, mit dem DV meine Karriere aufzubauen, sehr glücklich und erfolgreich zu arbeiten und sehr, sehr viele Menschen auf dem Weg zum Erfolg zu begleiten.

Vor der Geburt meiner Kinder habe ich als Arzthelferin und als Vermittlerin von Werbeanzeigen für die „Hamburger gelben Seiten" gearbeitet.

Ich bin im Laufe der Jahre Teamleiterinnen begegnet, die aus den unterschiedlichsten Berufen kamen: Pharmazeutisch-technische Assistentinnen, Rechtsanwaltsgehilfinnen, Bibliothekarinnen, Verkäuferinnen, Arzthelferinnen, Lehrerinnen und viele andere. Sie alle haben sich durch ihr hohes Engagement und natürlich durch die Menge der angebotenen Schulungen zu hervorragenden Führungskräften entwickelt!

Aber auch Mitarbeiterinnen, die ausschließlich verkaufen wollten und keinerlei Interesse am Rekrutieren neuer Mitarbeiter oder am Aufbau eines Teams hatten, haben sehr, sehr viel Geld verdient und waren häufig viele Jahre im DV erfolgreich.

In diesem ersten Unternehmen war ich insgesamt 23 Jahre tätig. Es war eine großartige Zeit, in der wir sehr viel bewegt haben und tolle Erfolge feiern konnten. Nach einem Eigentümerwechsel gab es eine neue Firmenstrategie für den Weg zum Erfolg.

Ich wusste, dass diese Strategie nicht zu meiner Arbeitsweise passte, und musste mich entscheiden, wie es weitergehen sollte. Es war sicher kein leichter Schritt, aber ich habe mich dennoch entschieden, die Firma zu verlassen.

Danach habe ich zusammen mit zwei Mitarbeitern des ehemaligen Unternehmens einen eigenen Direktvertrieb gegründet. Später war ich als Vertriebsleiterin für zwei Start-ups im DV tätig.

Meine Mitarbeiter waren in erster Linie Frauen.

Natürlich kommt es auch heute noch vor, dass es für Frauen nach einer Erziehungspause schwer ist, im alten Beruf Fuß zu fassen. Dies liegt häufig an den starren Vorgaben der Arbeitszeiten, die mit einem Kind oder mehreren Kindern schwer einzurichten sind.

Auch wenn es möglich ist, in den ursprünglichen Beruf zurückzukehren, ist ein Teilzeit- oder Vollzeitjob meist deutlich schwerer mit Kindern zu vereinbaren als die Selbstständigkeit in einem Direktvertrieb.

Aber natürlich waren auch viele meiner Mitarbeiterinnen berufstätig und nutzten die Selbstständigkeit im DV, um zusätzlich Geld zu verdienen. Auch Rentner haben bei uns begonnen und über viele Jahre gutes Geld dazuverdient

Sie fragen sich, wo der Haken an der Sache ist?

Ohne Frage ist das Geldverdienen hier, genauso wie in anderen Berufen, mit ARBEIT verbunden!

Und ebenso ist es hier auch so, dass dem einen die Arbeit leichter fällt als dem anderen. Sicher gibt es auch die sogenannten „geborenen Verkäufer". Aber es spricht nichts dagegen, das Verkaufen zu erlernen, wenn es einem nun einmal nicht in die Wiege gelegt wurde.

Wenn es überhaupt eine Voraussetzung gibt, von der ich meine, dass man sie unbedingt mitbringen sollte, dann ist es die Freude am Umgang mit Menschen!

Das Verkaufen kann man lernen und ebenso die Geduld und die Beharrlichkeit, die der Aufbau einer Selbstständigkeit einem oft abverlangt.

Ohne Geduld, Beharrlichkeit und den unbedingten Willen zum Erfolg ist eine Selbstständigkeit, egal in welcher Branche, sicher kaum von Erfolg gekrönt.

Derjenige, der Ihnen erzählt, das Geld fließe von allein, und Sie würden innerhalb kürzester Zeit ein Team von „100" Mitarbeitern haben, die Ihnen ein regelmäßiges Einkommen sichern, der malt Ihnen (und sich) die Welt schön …

Ebenso ist es Blödsinn, dass bei Verbrauchsprodukten immer wieder damit gelockt wird, dass der Kunde ja automatisch regelmäßig Folgeprodukte kaufe. Das mag in Einzelfällen stimmen, aber es ist ganz sicher nicht die Regel!

Die Wahl des passenden Direktvertriebs

Im folgenden Kapitel beleuchte ich für Sie die verschiedenen Punkte, die Sie beachten sollten, wenn Sie vor der Wahl stehen, sich für einen Direktvertrieb zu entscheiden.

Vorab macht es Sinn, sich den Unterschied zwischen einem klassischen Direktvertrieb und einem Network Marketing (auch Multi Level Marketing/MLM genannt) bewusst zu machen.

In beiden Vertriebsformen können Sie langfristig gutes Geld verdienen.

Den größten Unterschied kann man kurz so erklären:

Im klassischen DV verdienen Sie Ihr Geld mit dem Verkauf eines Produktes und können zusätzlich verdienen, beziehungsweise Boni erhalten, wenn Sie neue Mitarbeiter empfehlen.

Im Network Marketing hat das Aufbauen einer Struktur (das Werben neuer Vertriebspartner) höchste Priorität. Natürlich verkaufen Sie auch hier Produkte, aber nur mit einer wachsenden Struktur verdienen Sie langfristig gutes Geld.

Für den reinen Verkauf eines Produktes sind die Provisionen (im Vergleich zum klassischen DV) relativ gering.

Richtig „Spaß" macht es aus Beratersicht erst, wenn Ihre Vertriebspartner ebenfalls verkaufen, denn Sie verdienen hier an jedem Verkauf mit.

HINWEIS: Diese grobe Differenzierung dient lediglich der Einordnung der verschiedenen Formen und erhebt keinen Anspruch auf Vollständigkeit. Die Inhalte dieses Buches beziehen sich, wie erwähnt, auf meine Erfahrungen im klassischen Direktvertrieb.

❖ Überlegen Sie genau, welche Produkte Ihnen persönlich zusagen. Mit welchem Produkt können Sie sich voll und ganz identifizieren? Welches Produkt passt zu Ihnen und Ihren Interessen? Bei welchem Produkt fallen Ihnen auf Anhieb Menschen ein, die sich für dieses Produkt auch begeistern würden?

❖ Lautes Getöse auf einer Infoveranstaltung um leicht und schnell verdientes Geld sollte Sie aufhorchen lassen! Die Bilder von dem Porsche und der Reise auf die Malediven sind eventuell beeindruckend, aber auch hier funktioniert das Geldverdienen nur durch engagiertes und kontinuierliches Arbeiten.

❖ Eine Kostenbeteiligung für eine Infoveranstaltung ist meiner Meinung nach bedenklich. Es geht dem Unternehmen bei diesen Veranstaltungen um die Werbung neuer Mitarbeiter, da sind Kosten für Interessierte nicht in Ordnung.

❖ Auch das Drängen auf eine schnelle Unterschrift, die Sie zum Vertriebspartner macht, ist ein Signal, dass Sie aufhorchen lassen sollte. Sie suchen eine nachhaltige Beschäftigung und sollten sich bei Ihrer Entscheidung nicht „bedrängt" fühlen. Das Unternehmen Ihrer Wahl sollte Ihnen die Zeit für eine bewusste Entscheidung geben – hören Sie auf Ihren Bauch.

❖ Schauen Sie bei einem Marketingplan ganz genau hin. Hier lauern für den Laien etliche Stolperfallen! Eine Provision, die in der einen Firma um 5% höher ist als in einem anderen Unternehmen, bringt Ihnen nichts, wenn Sie in dem Unternehmen mit der höheren Provision für alle Materialien (Prospekte, Kataloge, Werbemittel, usw.) bezahlen müssen.

❖ Wenn Sie sich für einen klassischen DV entscheiden möchten, dann meiden Sie Firmen, bei denen aus der Provisionsstaffel klar hervorgeht, dass Sie eigentlich nur dann wirklich etwas verdienen, wenn Sie neue, erfolgreiche Mitarbeiter rekrutieren. Grundsätzlich sollten Sie eine Möglichkeit haben, mit dem Verkauf der Produkte Ihr gewünschtes Einkommen zu erzielen. Dies gilt unabhängig davon, ob es langfristig Ihr Ziel ist, neue Mitarbeiter zu werben und/ oder ein Team aufzubauen. Häufig wird das Rekrutieren als sehr, sehr einfach, fast schon als „Selbstgänger" dargestellt. Das entspricht nicht der Realität!

❖ Ebenso sollte man bedenken, dass man nur dann von den geworbenen Mitarbeitern profitieren kann, wenn diese auch wirklich regelmäßig Umsätze tätigen. Unabhängig davon gilt Folgendes: Der Verkauf des Produktes sollte im klassischen DV immer im Vordergrund stehen. Wenn Sie neue Mitarbeiter werben, werden auch diese eher verkaufen als rekrutieren wollen.

❖ Welches Produkt hebt sich von anderen ab, sei es durch das Herstellungsland, den Preis oder einfach durch irgendetwas, das andere Hersteller nicht bieten?

❖ Erwarten Sie klare, verständliche Unterlagen, aus denen der mögliche Verdienst, beziehungsweise die Provisionshöhe und die Ihnen eventuell entstehenden Kosten klar hervorgehen.

❖ Ist es möglich, eine Firma zu finden, die mit ihrem Produkt ein Alleinstellungsmerkmal bietet? Wenn das nicht der Fall ist, was kosten diese oder ähnliche Produkte bei einem anderen Anbieter?

❖ Ist der Verkaufspreis Ihres Produktes für Sie angemessen und können Sie davon ausgehen, dass Ihre zukünftigen Kunden das auch so sehen?

❖ Ist die Qualität der Produkte überzeugend? Im DV sind Sie der direkte Ansprechpartner, und Sie brauchen für einen langfristigen Erfolg unbedingt zufriedene Kunden. Auch hier können Sie im Internet recherchieren, verschiedene Kundenkommentare zu diesem Produkt werden Ihnen einen Einblick in die Zufriedenheit der Kunden geben.

❖ Sehr viele Artikel, die im DV verkauft werden, sind parallel online bestellbar. Welche Provisionsregelung gibt es, wenn Kunden, die das Produkt über Sie kennengelernt haben, online bestellen? Welche Möglichkeiten haben Sie, langfristig auch von Online-Nachbestellungen zu profitieren?

❖ Handelt es sich um ein Produkt, bei dem Sie regelmäßig eine neue Kollektion anbieten können? Das heißt, dass Sie schon durch den Wechsel des Sortiments immer die Möglichkeit haben, bestehende Kunden wieder anzusprechen. Wie gestaltet sich Ihr Folgegeschäft, wenn Sie sich zum Beispiel für Küchenmaschinen oder für Staubsauger als Produkt entscheiden?

❖ Wenn Sie sich für Kosmetik, Nahrungsergänzungsmittel (oder generell für ein Verbrauchsprodukt) entscheiden, können Sie dann wirklich davon ausgehen, dass die Kunden regelmäßig nachkaufen? Wie hoch ist Ihr Risiko, dass die Kunden vergleichbare, aber günstigere Produkte bei einem anderen Anbieter kaufen?

❖ Direktvertriebe arbeiten mit Bonussystemen für Gastgeber*innen. Schauen Sie sich dieses System genau an! Ist es ein System, das Ihnen gefällt, das Sie gut vertreten können und von dem Sie glauben, dass sich viele Menschen als Gastgeber*innen gewinnen lassen?

❖ Falls Sie nicht erfolgreich werden und bei diesem Unternehmen wieder aufhören möchten, war die Grundausstattung dann eine Investition, mit der Sie gut leben können? Ist es gegebenenfalls auch möglich, Teile oder die gesamte Grundausstattung, gegen geringe Kosten wieder zurückzugeben?

❖ Welche einmaligen und welche laufenden Nebenkosten entstehen Ihnen? (Schulungen/ Unterlagen/ Onlinemitarbeiter-Zugang etc.)

❖ Welche Erfahrungen haben andere Menschen mit dieser Firma gemacht? Es gibt ausreichend Möglichkeiten, sich im Internet die verschiedenen Erfahrungen von Mitarbeitern anzuschauen. Das ist gerade dann hilfreich, wenn Sie persönlich niemanden kennen, der in diesem Unternehmen tätig ist oder war.

❖ Sind die Bestell- und Lieferbedingungen für Sie als Mitarbeiter einfach und ohne großen Zeitaufwand zu erledigen?

❖ Müssen Sie beim Einstieg in das Unternehmen eine Grundausstattung kaufen? Wenn ja, ist der Preis für Sie angemessen? Können Sie nur mit dieser Grundausstattung erfolgreich werden, oder müssen Sie schnell mehr investieren, um eine größere Auswahl zu präsentieren? Hier sollten Sie Folgendes bedenken: Natürlich gibt es DV, deren Waren so hochpreisig sind, dass es verständlich ist, dass zum Start eine Summe X von Ihnen verlangt wird. Wichtig ist aber, dass Sie klar erkennen können, dass Sie zu Ihrem Start jede Hilfe bekommen, um auch wirklich eine Chance zu haben, erfolgreich zu werden. Auch im DV gibt es „schwarze Schafe", und Sie sollten vermeiden, in eine Grundausstattung zu investieren, wenn Sie nicht wissen, inwieweit Sie anschließend die nötige Unterstützung bekommen.

❖ Wie, beziehungsweise in welchem Rhythmus, wird Ihre Provision ausgezahlt?

❖ Wie ist der Service der Firma organisiert? Gibt es für die Kunden ein gut funktionierendes Umtausch- und Rückgaberecht?

❖ Was passiert, wenn Sie einmal über einen längeren Zeitraum keine Verkäufe tätigen oder einfach weniger aktiv sind? Rutschen Sie dann in einer Provisionsstaffel gleich wieder nach unten?

❖ Direktvertriebe wünschen sich von ihren freien Handelsvertretern (Definition: Handelsvertreter ist, wer als selbstständiger Gewerbetreibender ständig für ein Unternehmen Geschäfte vermittelt oder in dessen Namen abschließt) meist eine bestimmte Aktivität im Monat. Ist diese für Sie generell in Ordnung? Können und wollen Sie das leisten?

❖ Müssen Sie neue Produkte (bei einem Kollektions- oder Produktwechsel) kostenpflichtig selbst bestellen? An welche Bedingungen ist der Erhalt neuer Produkte geknüpft? (Viele Vertriebe knüpfen den Erhalt solcher neuen Produkte an Ihre Aktivität=Anzahl von Präsentationen oder auch an Ihren Umsatz).

❖ Ist die Firma Mitglied im „BDD" (Bundesverband der Direktvertriebe)? Firmen, die hier Mitglied sind, haben sich selbst strengere Richtlinien in verschiedenen Geschäftsbereichen auferlegt. Zum Beispiel gibt es für die Mitglieder des BDD klare Verhaltensstandards, die unter anderem für ein faires Miteinander sorgen. Die Verhaltensstandards des BDD bieten ebenfalls Schutz vor unseriösen Geschäftspraktiken im Direktvertrieb. Im Jahr 2018 zählt der BDD 56 Unternehmen zu seinen Mitgliedern. Der BDD ist auf vielen Ebenen im Einsatz: Jährliche Studien über die wirtschaftliche Bedeutung des Direktvertriebs, Arbeitsgruppen, die sich mit aktuellen Themen des Direktvertriebs auseinandersetzen und dafür sorgen, dass der Direktvertrieb am Puls der Zeit bleibt, und eine permanente Öffentlichkeitsarbeit, die die positiven Seiten des Direktvertriebs aufzeigt. Dies ist nur ein kleiner Auszug der Aufgaben des BDD. Lesen Sie mehr über den BDD unter www.bdd.de

❖ Haben Sie persönlich direkte Ansprechpartner für alle Themen, die Ihnen wichtig sind?

❖ Wie umfangreich ist die Einarbeitung?

❖ Werden zur Einarbeitung auch kostenlose Schulungen angeboten (NICHT nur Webinare!), gibt es Teams oder Gruppen, die sich zu einem regelmäßigen Austausch treffen?

❖ Welchen zeitlichen Aufwand werden Sie, zusätzlich zu den Präsentationen, bei diesem Unternehmen haben? Gibt es verbindliche Termine, die Sie wahrnehmen müssen?

❖ Welche Daten und Unterlagen möchte die Firma beim Start von Ihnen haben?

❖ Hat man Sie irgendwann in den ersten Gesprächen darauf hingewiesen, dass Sie (spätestens nach drei Monaten) einen Gewerbeschein benötigen? Näheres hierzu im Kapitel „Gewerbeschein".

Diese Punkte sollten Sie bei der Wahl Ihres Direktvertriebs im Auge behalten!

Nehmen Sie sich bei der Suche und der Auswahl Zeit und gleichen Sie die Informationen, die Sie erhalten, mit den genannten Punkten ab, das erspart Ihnen böse Überraschungen nach dem Start. Nutzen Sie die Checkliste auf der folgenden Seite, um sich die Punkte zu notieren, die Sie als wichtig erachten.

CHECKLISTE

_____

_____

_____

_____

_____

_____

_____

_____

_____

_____

_____

_____

_____

_____

Notizen

„Der schlimmste Fehlschlag ist nicht die Niederlage, sondern es gar nicht erst versucht zu haben."
(George E. Woodberry)

Wenn Sie sich für ein Unternehmen entschieden haben, steht einem schnellen Start meist nichts im Wege. Von Unternehmen zu Unternehmen gibt es natürlich unterschiedliche Startbedingungen.

Das können sowohl Tagesseminare sein als auch Schulungen über zwei Tage. Es wird in Gruppen oder auch in Einzelschulungen unterrichtet. Grundsätzlich ist es aber in fast jedem Direktvertrieb möglich, kurzfristig zu starten.

Sie werden langfristigen Erfolg haben, wenn Sie bereit sind, hart und regelmäßig zu arbeiten! Als selbstständiger freier Handelsvertreter ist man im DV darauf angewiesen, sich immer wieder selbst zu motivieren und die eigenen Ziele konsequent zu verfolgen.

Selbstverständlich ist das für viele erst einmal eine Umstellung. Die meisten Menschen haben vorher in Berufen gearbeitet, in denen sich die Frage nach dem „was mache ich nun?" gar nicht stellte.

Die Selbstständigkeit verlangt Disziplin und den Mut, immer wieder aufzustehen, auch wenn etwas gerade nicht so gelaufen ist, wie man es sich gewünscht hatte.

Bleiben Sie auf der Suche nach neuen Ideen, machen Sie sich immer wieder Gedanken um neue Projekte, dulden Sie keinen Stillstand Ihrer Aktivität.

Der Start

Lassen Sie uns schauen, wie es nach Ihrer Entscheidung für einen Direktvertrieb weitergehen wird:

Nach einer Startschulung geht es um die ersten Präsentationen.

In dem ersten Unternehmen, in dem ich gearbeitet habe, waren acht Starttermine für die ersten sechs Wochen Pflicht. (So ist es in sehr vielen DV, und es ist sinnvoll, mit der Motivation, die man auf einer Schulung bekommt, und auch mit dem neu erlernten Wissen schnell zu starten!).

Nur wenn man diese acht Starttermine nachweisen konnte, gab es nach dem Startseminar den begehrten Schmuckkoffer. In diesem Koffer war die sogenannte Vorführware. Diese Kollektion ermöglichte es den Mitarbeitern, den Kundinnen von Anfang an ein sehr großes Sortiment zu präsentieren.

Also, die erste Hürde, acht Partys zu buchen, habe auch ich genommen.

TIPP:

Ich empfehle allen neuen Beraterinnen, für diese ersten Termine Freunde und auch die Familie um Hilfe zu bitten. Sagen Sie ganz klar: „Ich brauche deine Hilfe für meine ersten Präsentationen. Ich möchte mir dort etwas aufbauen, denn das ist eine Firma und ein Produkt, in denen ich wirklich eine Chance für mich sehe." Es geht nicht darum, dass jemand aus Ihrem Freundes- oder Familienkreis unbedingt dieses Produkt kaufen soll, eher geht es um Ihre Chance, die ersten Termine zu buchen, den Ablauf der Präsentationen zu üben und durch eingeladene Gäste eine Chance auf Weiterbuchungen zu bekommen.

Wenn Sie beginnen Termine zu buchen, dann gehen Sie von Anfang an mit dem nötigen Selbstbewusstsein in die Gespräche.

Sie sind kein Bittsteller!

Sie haben ein Angebot, das Sie Ihrem Gegenüber präsentieren. Viele Menschen haben den Grundgedanken: „Ich will nicht aufdringlich sein." Die Frage nach einem Termin für eine Präsentation hat grundsätzlich erst einmal gar nichts Aufdringliches. Sehen Sie sich selbst in Ihrer Rolle als Vertriebler immer positiv mit dem Grundgedanken „Ich unterbreite ein Angebot."

Nutzen Sie zusätzlich zu Ihren Freunden und der Familie die sozialen Netzwerke, um bekannt zu machen, dass Sie nun für die Firma XY als Beraterin tätig sind. Auch hier können Sie langfristig Kontakte für Ihre Tätigkeit knüpfen.

Die ersten Präsentationen

Natürlich waren auch meine ersten Präsentationen holperig.

Ich meine, dass das auch so sein darf.

Es kann durchaus gut ankommen, wenn Ihre Gäste wissen, dass dies Ihre erste / zweite / ... Präsentation ist.

Suchen Sie sich vorher ein paar Formulierungen, die Ihnen gefallen, und nutzen Sie die Wirkung, die so ein ehrlicher Einstieg mit sich bringt!

Es ist durchaus sympathisch, zu den eigenen „Unzulänglichkeiten" zu stehen. Wenn Sie erwähnen, dass Sie ganz am Anfang dieser Tätigkeit stehen, haben Sie zusätzlich die Möglichkeit einzuflechten, WARUM Sie sich für diesen tollen Job entschieden haben. Dies vermittelt dem Kunden Ihre Begeisterung und macht Ihre Tätigkeit glaubhaft.

Es kann passieren, dass Sie auf den ersten Präsentationen manches, was Sie gerne zur Firma oder zu dem Produkt sagen wollten, vergessen.

Auch Preise werden Sie wahrscheinlich ständig nachschlagen müssen und auch sonst irgendwann im Laufe einer Präsentation irgendwo im Laufe Ihrer Ausführungen ins Stocken geraten.

Das ist absolut in Ordnung!

Ich spreche hier gerne von „Welpenschutz"!

Denken Sie einfach daran, dass Sie gerade einen neuen Job beginnen, da muss nicht alles perfekt sein.

Es geht in dieser Startphase vielmehr um das WIE als um die totale Fachkompetenz.

Wenn Sie als Person Ihre Gäste begeistern und fesseln können, dann ist fehlendes Fachwissen nicht wirklich ein Thema.

Generell gilt nicht nur am Anfang einer Tätigkeit: Wenn Sie eine Frage nicht beantworten können, bleiben Sie souverän und sagen Sie dem Gesprächspartner:

„Das weiß ich nicht", „Das ist nicht mein Fachgebiet", „Ich informiere mich und melde mich umgehend bei Ihnen!"
Es gibt viele Dinge, die man am Anfang einer Tätigkeit im DV nicht beherrschen muss, die man aber im Laufe der Zeit erlernt und im besten Falle perfektioniert.

Die hoch motivierte Gastgeberin

Eines von den vielen Dingen, die man lernen kann, sollte man jedoch schnellstmöglich beherrschen:

eine gute, kurze und doch gewinnbringende Gastgeberinnen- Vorbereitung (GGV).

„Eine liebevolle Vorbereitung ehrt den Gast!"

Haben Sie diesen Satz immer im Kopf!

TIPP:
Ich habe meinen Beraterinnen immer gesagt: Wenn du im DV tätig bist, dann ist es, als ob du eine Boutique oder ein Ladengeschäft hast, die nur vier- oder sechsmal im Monat geöffnet haben (die Anzahl der Präsentationen die man in einem Monat machen möchte). Wenn ich mein Geschäft selten geöffnet habe, dann sorge ich dafür, dass an diesen Tagen alles, was ich beeinflussen kann, perfekt läuft!

Die GGV wird in Ihrem Unternehmen selbstverständlich auch geschult, und natürlich gibt es spezifische Dinge, die in den unterschiedlichen Vertrieben mit ganz unterschiedlichen Produkten wichtig zur Vorbereitung einer Präsentation sind. Einiges ist aber immer von Bedeutung, daher hier ein kurzer Überblick.

Unabhängig von den in Ihrem Unternehmen wichtigen Dingen sollte Folgendes unbedingt mit der GG besprochen werden:

Fragen an die GG:

❖ An wie viele Gäste hat die GG gedacht? Sollte sie Ihnen hier eine Anzahl nennen, die für Ihre Präsentation zu hoch ist, haben Sie jetzt die Chance, gleich einen zweiten Termin zu vereinbaren!

Daher empfehle ich, in diesem Gespräch niemals die Gästezahl vorzugeben! Nur, wenn ich die GG danach frage, an wie viele Gäste sie gedacht hat, höre ich, wie groß ihr Freundeskreis für diese Art von Präsentation ist.

❖ Was sind es für Gäste, an die die GG gedacht hat? Gibt es Vorlieben, irgendetwas, was für diese Präsentation besonders wichtig ist? Sind Gäste dabei, von denen die GG erzählt, dass sie auch gerne DV-Partys geben?

❖ Sind Gäste dabei, die in „meinem" Unternehmen schon Kunden sind? Wenn ja, weiß die GG etwas über die Produktzufriedenheit dieser Kunden?

❖ Was erwartet mich bei dieser GG? Stellen Sie sich vor, Sie haben Angst vor Hunden oder eine Katzenallergie. Da ist es wichtig, vorher zu wissen, was Sie erwartet! Sie haben im DV einen Job, in dem Sie ständig in fremden Haushalten sind, und da kann es so manche Überraschung geben!

Informationen für die GG:

❖ Wie lange wird die Veranstaltung in etwa dauern? Nichts ist schlimmer, als wenn Gäste schon vor Ende der Präsentation nach Hause gehen müssen, weil sie mit einem anderen Zeitrahmen gerechnet haben.

❖ In welcher Form sollte die GG ihre Gäste einladen? Viele Menschen glauben, es würde ausreichen, den Gästen eine „WhatsApp" zu schicken, nach dem Motto: „Komm doch am Tag X um Y mal vorbei ..." Für Sie als Beraterin ist eine verbindliche Einladung der GG an ihre Gäste wichtig! Eine GG sollte die Gäste neugierig auf die Veranstaltung machen und sich eben diese verbindliche Zusage holen.

❖ Was benötigen Sie für die Veranstaltung? (welche Beleuchtung benötigen Sie, gibt es eine Bewirtung, in welchem Raum sollte die Veranstaltung stattfinden?).

TIPP:
Um die Frage „was erwartet mich bei Ihnen?" locker und unkompliziert zu stellen, bietet es sich an, diese Frage in die Richtung zu formulieren: „Hund, Katze, Maus, Pferd ..., was erwartet mich bei Ihnen?"

Mir selbst ist Folgendes passiert:

Ich komme zu einer GG, bei der ich bereits zweimal eine Präsentation gemacht hatte. Für diesen Abend aber hatte sie eine größere Anzahl von Gästen eingeladen und beschloss, die Party im Keller in einem alten Partyraum stattfinden zu lassen. Nun, die Tochter der GG hatte ihre Terrarien mit Riesenspinnen in diesem Raum! Bis heute weiß ich nicht, wie ich mit meiner unglaublichen Spinnenphobie diesen Abend überstanden habe! Hier hätte ich natürlich nicht vorbeugen können, aber es zeigt einfach, dass wir in diesem Job nie wissen, was uns erwartet. Daher versuche ich wenigstens das, was ich erfragen kann, auch wirklich zu erfragen!

Ein anderes Beispiel:

Bei einer meiner Mitarbeiterinnen, die wahnsinnige Angst vor Hunden hatte, ist Folgendes geschehen: Sie hatte nicht nach Haustieren gefragt. Als sie an der Gartenpforte klingelte, kamen zwei Dobermänner laut bellend durch den Garten gerannt! Sie können sich vorstellen, dass dies kein guter Auftakt für die Party war. Die Mitarbeiterin war verunsichert, die GG, die natürlich ein Hundefan war, konnte die ganze Aufregung nicht verstehen. Das hätte man sich mit der Frage danach, was einen erwartet, ersparen können!

Wenn eine GG sagt, dass sie Hunde hat, und die Beraterin große Angst hat, kann sie dies freundlich, vielleicht auch irgendwie humorvoll am Telefon sagen und klären, ob es möglich sei, dass sie und der Hund sich nicht begegnen.

Natürlich sollten Sie das Bonussystem Ihres Vertriebs bei der GGV erklären. Zeigen Sie der Gastgeberin noch einmal alle Vorteile auf, die sie durch diese Präsentation hat! Es ist toll, wenn eine GG sich schon vor dem Abend Gedanken macht, was sie sich als GG denn gerne schenken lassen würde! Wenn sie schon klare Vorstellungen hat, wird sie sich umso mehr auf den Abend freuen und die Veranstaltung entsprechend verbindlich vorbereiten.

Klären Sie gerne auch mit der GG, ob sie Ihnen bei den Weiterbuchungen behilflich sein mag. Oft ist es für sie ganz leicht, Freundinnen, von denen sie weiß, dass sie auch gerne Partys geben, als GG für Ihr Unternehmen zu gewinnen.

Diese Punkte sollten Sie ca. zwei bis vier Wochen vor Ihrem Termin mit der zukünftigen GG besprechen. (Oder zu dem Zeitpunkt, den Ihr Unternehmen empfiehlt!)

Die regelmäßige Gastgeberin

Gerne möchte ich noch kurz auf die Gastgeberinnen eingehen, die mehrmals oder auch ganz regelmäßig GG für Sie ist. Das sind häufig Menschen, die generell Spaß an Präsentationen haben oder die die Vorteile, die man als GG hat, genießen. Diese Gastgeberinnen bedeuten natürlich erst einmal einen Vorteil für Sie, denn es sind relativ sichere wiederkehrende Termine.

Auf einige Dinge sollten Sie aber hier achten:

1. Diese GG sollte von Ihnen gebeten werden, immer wieder einmal neue Gäste einzuladen.

2. Ebenso hat es sich bewährt, dass die GG die eingeladenen Gäste bittet, noch jemanden mitzubringen.

3. Es kommt vor, dass eine GG schon bei der Begrüßung sagt, es hätten kurzfristig noch einige Gäste abgesagt. Dies ist für Sie immer der Moment, in dem Sie nach einem kurzfristigen, weiteren Termin fragen, an dem die Kunden, die heute nicht da sind, kommen können.

4. Auch langjährige gute GG können einmal „müde" werden, oder aber es verändert sich in ihrem Leben etwas, was sie veranlasst, nicht mehr GG sein zu wollen.

Denken Sie immer daran und verlassen Sie sich nicht auf
Ihren vorhandenen Kundenstamm, sondern erweitern Sie
diesen ständig!

TIPP:

*Die Hälfte der Präsentationen, die Sie in einem Monat
machen möchten, sollte immer mit neuen GG gebucht
werden. So entwickelt sich der Kreis Ihrer
Gastgeberinnen immer weiter, und Sie können es
besser verkraften, wenn eine langjährige regelmäßige
GG einmal ausfällt.*

Ihr Auftritt ist die Grundlage Ihres Erfolges

Im Vertrieb spielen die Persönlichkeit und der Auftritt des Vertrieblers eine sehr große Rolle. Es sollte Ihnen bewusst sein, dass ein großer Teil Ihres Erfolges an Ihrer Person, Ihrer Ausstrahlung und Ihrer Art, Menschen zu begeistern, liegt.

Bevor wir also die Partys/Präsentationen näher beleuchten, gebe ich Ihnen einige Fragen zu „Ihrem Auftritt" mit auf Ihren Erfolgsweg:

Wie wollen Sie auftreten?

Was wollen Sie ausstrahlen?

Gibt es Menschen, deren Art Sie begeistert? Wenn ja, was ist es, was Ihnen bei diesen Menschen so gut gefällt?

Wenn Sie sich dessen bewusst sind, können Sie ganz gezielt an Ihrem Auftritt arbeiten.

Hier ein paar Anregungen zum Nachdenken über die eigene Wirkung:

❖ Sind Sie generell eher der freundliche, lächelnde Typ? Oder fragt man Sie öfter, ob „irgendetwas los" sei? (weil Sie eher „grimmig" oder emotionslos schauen).

„Der kürzeste Weg zwischen zwei Menschen ist ein Lächeln." (Chin. Sprichwort)

❖ Machen Sie sich Gedanken darüber, wie Ihre Gesamtwirkung auf andere ist. Wenn Sie mit dieser Wirkung zufrieden sind, dann ist alles gut. Sollten Sie bezüglich einiger Punkte Bedenken haben, so beginnen Sie daran zu arbeiten. Die Auswahl an Lektüre zu diesem Thema ist groß, und es ist relativ einfach, mithilfe einiger Tipps die Wirkung auf andere zu verändern. Sie finden im Netz unter den Begriffen „Persönlichkeitsentwicklung, Charisma oder auch Selbstbild und Fremdbild" verschiedenste Artikel zu diesen Themen.

❖ Wenn Ihnen das Lächeln nicht leichtfällt, dann üben Sie es bewusst! Stellen Sie sich vor den Spiegel, begrüßen Sie Ihr Spiegelbild ... achten Sie einmal darauf, wie freundlich Sie hierbei wirken.

❖ Wie ist es mit Ihrer Sprache und Ihrer Stimme? Sprechen Sie sehr schnell oder sehr langsam? Sehr laut oder sehr leise? Auch hier können Sie etwas verändern, wenn Sie es möchten. Wie zufrieden sind Sie mit Ihrem Vokabular? Wiederholen Sie sich oft? Nutzen Sie sehr viele „Füllworte" (Äh, hm, ähm ...) Hier gibt es eine tolle Übung, die schnell zur Wahrnehmung Ihrer Füllwörter führt und mit der Sie gezielt am Vermeiden dieser Wörter arbeiten können: Setzen Sie sich an Ihren Schreibtisch und „erzählen" Sie sich selbst, welches Ihre persönlichen und beruflichen Ziele für das kommende Jahr sind. Sprechen Sie frei und achten Sie auf diese Füllwörter. Bei jedem Füllwort machen Sie, während Sie weitererzählen, einen Strich auf ein Blatt Papier. Entwickeln Sie so ein Gefühl für Ihre Sprache und werden Sie aufmerksamer beim Sprechen. Das Gleiche können Sie natürlich auch mit der Diktiergerät-Einstellung Ihres Handys machen. Dort hören Sie dann Ihre Erzählung an und beurteilen Ihre Sprache.

❖ Fällt Ihnen der Blickkontakt zu Ihrem Gesprächspartner leicht? Jemandem in die Augen zu schauen macht die Wirkung Ihrer Aussage glaubwürdig, schafft Vertrauen und signalisiert Aufmerksamkeit.

❖ Sammeln Sie positive Wörter. Im Verkauf ist es wichtig, Wörter wie: „schön, Spaß, Nutzen, Begeisterung, Vorteile, Chance, Angebot, glücklich, einmalig, komfortabel, Preisvorteil" und so weiter zu benutzen. Häufig haben wir in unserer täglichen Sprache hier aber nur eine überschaubare Anzahl positiver Wörter. Sammeln Sie neue Begriffe und schauen Sie, dass es Wörter sind, die zu Ihnen passen.

❖ Mimik und Gestik sind in erster Linie Gewohnheiten, und auch diese kann man langfristig verändern.

❖ Machen Sie sich einfach einmal Gedanken darüber, was Sie über Ihre Wirkung wissen. Nutzen Sie dieses Wissen, um gegebenenfalls an dem einen oder anderen Punkt etwas zu optimieren!

❖ Auch Ihr Erscheinungsbild spielt eine Rolle. Dazu gehören Dinge wie gepflegte Kleidung und saubere Schuhe. Das hört sich selbstverständlich an, ist es aber leider nicht. Außerdem macht es Sinn, dass Ihr Auftritt zu Ihrem Produkt passt. Wenn Sie zum Beispiel mit Schmuck arbeiten, sollte es Ihnen Freude bereiten, den Schmuck auch zu tragen. Wenn Sie hingegen im Kosmetikbereich tätig sind, sollte ein tolles Make-up zu Ihrem Alltag gehören.

CHECKLISTE

Notizen

Der Spannungsbogen und Ablauf einer Präsentation

Wenn Sie professionell und erfolgreich im DV arbeiten möchten, macht es Sinn, sich über den Spannungsbogen einer Präsentation Gedanken zu machen.

„Wenn du etwas erreichen willst, musst du nachdenken ... du musst wissen, was du tust, das ist wahre Macht." (Ayn Rand)

Hier erst einmal die **Auflistung** der Phasen einer Veranstaltung, bevor wir einige dieser Phasen eingehender beleuchten. Diese Phasen sind immer gleich, unabhängig davon, ob es sich um eine Präsentation im DV handelt oder zum Beispiel um eine Rekrutierungsveranstaltung.

1. **Begrüßung/ persönliche Vorstellung/ Brücke zu den Gästen schlagen**

Hier sprechen wir Emotionen an.

2. **Kurzes Vorstellen des Ablaufs der Veranstaltung**

Dies kann man sich vorstellen wie das Programmheft einer Theateraufführung. Es ist für den Gast eine Übersicht über die verschiedenen Programmpunkte der kommenden Stunden und auch über den Zeitrahmen der Präsentation. Wir erreichen hier zusätzlich die „Ungeduldigen", nehmen Rücksicht auf Menschen, die gerne unruhig auf die Uhr schauen. Es ist für jeden Gast einer Verkaufsveranstaltung einfach sehr entspannend, wenn er am Beginn weiß, was ihn erwartet. Auch hier ist es hilfreich, sich einmal in die Lage des Gastes zu versetzen. Stellen Sie sich vor, wie es für Sie wäre, nach einem langen Tag, vielleicht nur auf das Drängen von Freunden hin, zu so einer Veranstaltung zu gehen. Sie wollen nun schnell zur Sache kommen ... Da ist es einfach super entspannt, wenn Ihnen der zeitliche Ablauf gleich zu Beginn aufgezeigt wird!

3. Vorstellen des Produktes oder der Produkte

Hier geht es darum, die anwesenden Gäste zu begeistern, Vorteile aufzuzeigen, Lust auf das Kaufen zu wecken. Je nachdem, mit welchem Produkt Sie arbeiten, sollten Sie sich eine Strategie zurechtlegen, mit der Sie möglichst viele Gäste erreichen! Menschen haben unterschiedliche Bedürfnisse und nehmen Dinge unterschiedlich wahr. Daher ist es gut, wenn Ihre Präsentation auch verschiedene Elemente enthält.

Ein wenig Geschichten erzählen für die Romantiker, klare Fakten für die Strukturierten, Vergleiche für die Skeptiker, Vorteile für die Rechner und so weiter. In dieser Phase können Sie auch gerne besondere Aktionen, aktuelle Angebote oder Ähnliches anbringen.

Wer so vorbereitet in eine Präsentation geht, erreicht deutlich mehr Gäste als derjenige, der einfach nur seine eigene Schiene fährt! Wenn Sie ein sehr klarer und abstrakter Typ sind, würden Sie, wenn Sie nicht über diese Dinge nachdenken, sicher eine gute Präsentation machen. Dennoch würden Sie den Romantiker vermutlich nicht erreichen.

4. Ausprobieren/ anfassen/ anlegen

Je nachdem, in welchem Produktbereich Sie tätig sind, geht es jetzt um die Haptik/ Optik etc. Hier geht es jetzt darum, wirklich jeden Gast „mitzunehmen"! Bemühen Sie sich um die leisen und zurückhaltenden Gäste. Bedrängen Sie niemanden und lassen Sie den Gästen die Zeit, die sie benötigen, um Ihr Produkt in Ruhe kennenzulernen.

5. Beratung, Erklären von Funktionen und Vorteilen

Dieser Part geht natürlich mit dem Ausprobieren einher. Hier können Sie sich noch einmal mit Ihrem Fachwissen einbringen. Gleichzeitig bietet dieser Part auch Raum für Geschichten.

Ich nenne Ihnen einige Beispiele:

Stellen Sie sich vor, Sie sind im Schmuckhandel unterwegs: Eine Kundin legt ein Collier an. Versuchen Sie, mit kleinen Geschichten „Bilder im Kopf" der Kundin hervorzurufen!

„Dieses Collier ist wie gemacht für einen tollen Auftritt! Das Funkeln der Steine ist durch den aufwendigen Schliff einfach unglaublich, das ist ein Schmuckstück, auf das Sie ganz sicher immer wieder angesprochen werden!"

Oder Sie verkaufen Nahrungsergänzungsmittel:

„Wenn Sie beginnen, diese Nahrungsergänzungsmittel zu benutzen, werden Sie sehr schnell spüren, wie Ihre Energie und Ihre Ausdauer sich verbessern. Sie werden es lieben, sich einfach gesünder und aktiver zu fühlen."

Oder auch Küchenmaschinen:

„Ihre Familie wird es lieben, wenn Sie mit dieser Küchenmaschine die tollsten Suppen, Kuchen oder selbst gebackene Brote zaubern!"

Oder auch Dessous:

„Diese Wäsche trägt sich, als würde Seide über Ihre Haut streichen. Der Zauber liegt in der Kombination von besten Materialien und einer hervorragenden Passform, die Sie lieben werden."

Egal, mit welchem Produkt Sie arbeiten, immer ist es möglich, eine Geschichte zu diesem Produkt zu erzählen. Mit Geschichten wecken wir Bilder im Kopf unseres Zuhörers und erreichen den Kunden so noch auf einer ganz anderen Ebene.

6. „Kaufen lassen"

Erstaunlicherweise fällt es vielen Beraterinnen schwer, den Moment zu finden, in dem die ersten Bestellungen aufgenommen werden sollten. Natürlich gibt es Veranstaltungen, auf denen das von ganz allein passiert: Ein Kunde weiß genau, was er will, und kommt mit seiner Bestellung direkt auf Sie zu.

Aber selbstverständlich gibt es häufiger Präsentationen, auf denen Sie niemand von sich aus auf eine Bestellung anspricht.

SIE sind auf jeder Veranstaltung der Boss!

Also ist es auch Ihre Aufgabe, hier aktiv zu werden. Wenn Sie das Gefühl haben, dass die Kunden, oder zumindest ein Teil der Kunden, sich zurücklehnen und alles gesehen haben, dann sprechen Sie die Kunden direkt an.

Wenn Kunden sich „ zurücklehnen" und Sie jetzt nicht aktiv werden, kann Ihnen der eine oder andere Auftrag verloren gehen!

Die Aufmerksamkeit eines Kunden verfliegt schnell, und er wendet sich anderen Dingen zu.

Er könnte andere Gäste, die noch keine Entscheidung getroffen haben, ablenken oder wenn er gar nicht bestellen möchte, die Präsentation verlassen.

Sie wollen aber mit jedem Gast einer Veranstaltung sprechen. Nicht nur, weil Sie Bestellungen aufnehmen möchten. Auch das Feedback eines Kunden, der NICHT kauft, bringt Sie weiter. Auch ein nicht kaufender Kunde kann einen Termin bei Ihnen buchen.
Auch ein nicht kaufender Kunde kann Menschen kennen, für die Ihr Produkt interessant ist.

7. Den Verkauf feiern. Was bedeutet das?

Auch hier eine kleine Geschichte:

Sie gehen an einem Sonnabend mit Ihrer besten Freundin shoppen. Sie freuen sich schon lange darauf und haben sich für diesen Tag eine hübsche Summe beiseitegelegt. Auch ein paar Ideen, was Sie gerne kaufen würden, haben Sie. Nun shoppen Sie schon seit Stunden, und nichts kann Ihnen so richtig gefallen. Das eine ist zu klein, etwas anderes haben Sie sich ganz anders vorgestellt, das Nächste steht Ihnen doch nicht. Am Ende des Tages gehen Sie mit leeren Händen nach Hause.

So ein Erlebnis ist wohl für jede Frau (und auch für viele Männer!) einfach frustrierend!

Umgekehrt kennen Sie auch die Situation, nach einer Shoppingtour mit vollen Taschen nach Hause zu kommen. Sie waren erfolgreich, das löst Begeisterung aus, alles wird noch einmal probiert, und Sie freuen sich über Ihre „Beute".

Sie sind happy!

SO geht es unseren Kunden auch!

Wenn jemand die Bestellung aufgegeben hat, kann man gut noch einmal bestätigen, dass die Kundin ganz sicher glücklich werden wird mit ihrem Kauf. Ich sage noch einmal Dinge wie: Nur noch fünf Tage, dann haben Sie Ihr schönes neues Schmuckstück. Oder: Da können Sie doch schon einmal überlegen, wann Sie dieses Stück das erste Mal tragen. Auch hier spielt es keine Rolle, was Sie sagen, das ist ja auch abhängig von dem Produkt, das Sie verkaufen. Es geht um die Bestätigung der Kundenentscheidung und darum, die Vorfreude des Kunden noch einmal zu steigern.

„Umsatz ist der Applaus der Kundschaft."
(Götz W. Werner)

8. Die Weiterbuchung

Jede Weiterbuchung beinhaltet für Sie eine Erweiterung Ihres Kundenkreises und die Chance auf Umsatz.
Jeder anwesende Gast sollte von Ihnen direkt auf einen Termin angesprochen werden.
Da das Thema Weiterbuchungen mit zu den wichtigsten Themen des DV gehört, finden Sie alle Ausführungen im Kapitel: Zauberwort „Weiterbuchung".

Nun werden Sie sich vielleicht fragen, was das mit einem Spannungsbogen zu tun hat?
Es ist wichtig, sich der verschiedenen Phasen bewusst zu sein, um diese Phasen auch zu nutzen!

Es gibt sehr viele Beraterinnen, die in der Vorstellung ihrer eigenen Person sehr gut sind. Auch in der Vorstellung der Produkte sind viele hervorragend.
Aber immer wieder kann man beobachten, dass nach der Vorstellung der Produkte „das Pulver verschossen" ist.

Das heißt, nach der Vorstellung der Produkte lehnt sich der Verkäufer zurück und wartet auf das, was kommen mag.

Hier ist es wichtig, sich bewusst zu sein, dass Ihre ganze Veranstaltung nur so gut ist, wie Sie bis zum Schluss die Fäden in der Hand halten!

Wenn alles ausprobiert, anprobiert oder was auch immer bei Ihrem Produkt möglich ist, getan ist, dann beginnt für Sie der AKTIVE Verkauf.

Das ist die Phase der Präsentation, in der Sie richtig ARBEITEN müssen!

Sprechen Sie jeden Gast einzeln an! Fragen Sie danach, ob der Gast sich bereits entschieden hat. Führen Sie jetzt aktive Verkaufsgespräche.

Schreiben Sie Ihre Aufträge!
Dann sind Sie erfolgreich!

CHECKLISTE

Notizen

Die Präsentation und „kaufen lassen"

Egal, welches Produkt Sie vertreiben, werden Sie auf lange Sicht Fachmann auf diesem Gebiet! Auch wenn die Fachkompetenz gerade am Anfang nicht zu den wichtigsten Eigenschaften zählt, bildet sie langfristig einen hervorragenden Background!

Es lohnt sich, alles - und ich meine wirklich alles -, was es zu Ihrem Produkt zu wissen gibt, auch wirklich zu wissen.

Kompetenz ist etwas Großartiges!

Wenn Sie wissen, dass Sie über eine hohe Fachkompetenz verfügen, führt dies zum einen dazu, dass Sie sich in jedem Gespräch sicher fühlen, und zum anderen wird diese Kompetenz von Ihren Gesprächspartnern/ Kunden sehr geschätzt.

Nehmen Sie, wenn es irgend möglich ist, jede Schulung und jede Weiterbildung, die Ihr DV anbietet, mit. Lernen Sie alles, was es an Wissenswertem über Ihr Produkt und Ihre Firma zu lernen gibt.

Das Ganze können Sie, wenn das eigene Produkt dann wirklich in Fleisch und Blut übergegangen ist, um etwas ganz Wesentliches erweitern: das Hintergrundwissen über die Produkte von Mitbewerbern.

TIPP:
Machen Sie sich vertraut mit ähnlichen Produkten anderer Anbieter. Lernen Sie alles über vergleichbare Produkte. Dies ist nicht dafür gedacht, im Kundengespräch einen Mitbewerber schlechtzumachen. Es dient Ihrer persönlichen Sicherheit in Kunden- und Verkaufsgesprächen. Kunden vergleichen gerne und oft Produkte, da wäre es fatal, wenn Sie diese Produkte und Ihre Vor- und Nachteile gar nicht kennen!
Seien Sie sich insbesondere der Stärken Ihres Produktes bewusst.

Die Präsentation und das Verkaufen gehören untrennbar zusammen. Verkaufen heißt nicht überreden, verkaufen heißt zuhören und überzeugen! Sie haben sich für den Direktvertrieb Ihres Produktes entschieden und damit schon einen großen Vorteil im Verkauf.

Der Vorteil liegt ganz klar darin, dass Sie von einer GG EINGELADEN wurden!

Das heißt, Ihre Verkaufsveranstaltung hat als Erstes mal eine sehr positive Ausgangslage! Alle Gäste, die Ihnen hier begegnen, sind der Einladung einer GG gefolgt. DAS zeigt auf jeden Fall erst einmal Interesse an Ihrem Produkt.

Gibt es bessere Voraussetzungen für einen zukünftigen Verkauf?

Ich meine nein!

Generell sind die Chancen des Direktvertriebs, wie schon erwähnt, in den vergangenen Jahren deutlich gestiegen.

Für Kunden, die gerne persönlich beraten werden, ist der DV heute wichtiger denn je. Immer mehr werden Onlineshops zum Einkaufen genutzt, und wer im stationären Handel kaufen möchte, findet häufig kein ausgebildetes Personal mehr. Die Party oder Präsentation im DV macht das Einkaufen wieder zu einem Erlebnis. Gleichzeitig ist hier der Einkauf im Kreis von Freunden oder der Familie möglich.

Ein weiterer Vorteil für den Kunden ist die Tatsache, im DV immer einen persönlichen Ansprechpartner zu haben, der seine Produkte wirklich kennt.

Zusätzlich profitiert der Kunde davon, dass die Mitarbeiter eines Direktvertriebs selbstständig sind und in der Regel hoch engagiert und motiviert arbeiten.

Nutzen Sie dies, geben Sie Ihrem Kunden nicht einfach nur das, was er will, geben Sie ihm immer ein wenig mehr als das, was er erwartet!

Begeistern Sie Ihre Kunden!

Bemühen Sie sich immer, Ihre Gespräche kundenindividuell zu führen, machen Sie dies zu Ihrer Kernkompetenz. Ihre Kunden werden es lieben, wenn sie erleben, dass Sie ihnen wirklich zuhören und auf ihre individuellen Wünsche eingehen.

Schauen wir uns die Präsentation einmal genauer an:

Sie haben also Ihre GG, ihre Gäste und wollen bei dieser Präsentation den größtmöglichen Erfolg erzielen:

Umsatz generieren/ Weiterbuchungen machen/ den Fanclub erweitern/ vielleicht auch Mitarbeiter werben.

Jeder DV schult seine Mitarbeiter im Bereich der Präsentationen anders. Natürlich braucht auch jedes Produkt im DV einen anderen, individuellen Präsentationsablauf!

Vergleichen Sie nur einmal die klassische Tupperparty mit einer Präsentation von Thermomix oder einer Dessousparty. Selbstverständlich muss hier dem Produkt entsprechend die jeweilige Präsentation ablaufen!

Ich gehe hier nur auf wesentliche Bestandteile ein, die so oder ähnlich in fast jedem DV sinnvoll sind.

Generell gilt für jedes Produkt und jede Firma das Gleiche:

„Eine liebevolle Vorbereitung ehrt den Gast!"

Machen Sie sich im Vorwege Gedanken zu verschiedenen wichtigen Bestandteilen der Veranstaltung.

Fesseln und begeistern Sie Ihre Kunden gleich am Beginn des Abends.

Erzählen Sie am Anfang kurz etwas zu Ihrer Person! Bauen Sie hier etwas Sympathisches oder Lustiges oder einfach Interessantes ein. Eine kurze Vorstellung Ihrer Person ist wichtig, denn immer wird es unter den anwesenden Gästen den einen oder anderen geben, dem es wichtig ist zu wissen, mit wem er es zu tun hat. Vermeiden Sie eine zu lange Vorstellung, und versuchen Sie schon in dieser Sequenz Ihre Gäste zu fesseln.

„Wir sprechen davon, eine Brücke zum Kunden zu schlagen." (Verfasser unbekannt)

Wertungen und Vorurteile haben ja nicht nur wir, sondern auch die Menschen, die uns begegnen.

Sie werden, wenn Sie neu bei einer Gruppe von Gästen ankommen, selbstverständlich „gescannt". Und es kann Ihnen passieren, dass Sie als zu jung/ zu alt/ zu groß/ zu klein/ zu dick/ zu dünn/ zu schön/ zu unscheinbar usw. gesehen werden.

Für den ersten Eindruck gibt es keine zweite Chance.

Sie kennen diesen Satz, und der erste Eindruck in unserem Geschäft ist nicht einfach Ihr Erscheinungsbild, sondern es sind auch die ersten Sätze, die Sie sprechen!

Daher ist es besonders wichtig, bei der kurzen Vorstellung Ihrer eigenen Person, diese Brücke zu den Gästen zu schlagen.

Nach der persönlichen Vorstellung sollte der Ablauf der Veranstaltung und je nach Produkt auch eine Preisspanne der angebotenen Produkte gegeben werden. („Ich habe Ihnen heute Kosmetik in der Preisklasse von 15 bis 138 Euro mitgebracht.")

Das Thema des Verkaufens und der Preise wird von Unternehmen zu Unternehmen höchst unterschiedlich geschult.

In der einen Firma kann/ darf/ soll der Preis des Produktes am Anfang der Gespräche oder der Produktvorstellung genannt werden.

In anderen Firmen möchte man den Preis erst möglichst spät ins Gespräch bringen.

Selbstverständlich müssen Sie sich hier an die Richtlinien Ihres Unternehmens halten.

Über diese unterschiedlichen Vorgehensweisen wird in Marketingkreisen und unter Verkäufern immer wieder kontrovers diskutiert.

Ich persönlich befürworte die klare, direkte Antwort auf eine Frage nach dem Preis, oder gleichbedeutend, das Nennen des Preises am Beginn, natürlich auch hier immer in Verbindung mit den Vorteilen des Produktes.

Da ich hinter den Preisen meiner Produkte stehe, fällt es mir leicht, diese auch mit der entsprechenden Überzeugung bereits am Anfang zu nennen.

Zusammenfassend kann man sagen, dass, egal wann ein Preis genannt wird, IHRE persönliche Einstellung zu diesem Preis entscheidend ist.

Nur wenn Sie mit den Preisen der Produkte Ihres Unternehmens konform gehen, werden Sie diese dem Interessenten auch mit der entsprechenden Überzeugung vermitteln.

Auch hier gibt es ein schönes Erlebnis einer meiner Mitarbeiterinnen:

In dem DV mit hochwertigem Modeschmuck, wurde beschlossen, zusätzlich eine Echtschmuck-Kollektion mit Sterlingsilber- Schmuckstücken zu produzieren.

Unsere Kunden, die häufig schon seit Jahren begeistert von den Preisen und der hohen Qualität des vergoldeten oder rhodinierten Schmucks waren, taten sich zu Beginn recht schwer mit dieser Echtschmuck-Kollektion. Die Preise waren natürlich deutlich höher.

Eine Beraterin hatte sich in einen Ring aus dieser Kollektion, der mit unglaublich vielen Zirkonia Steinen besetzt war, verliebt.

Der Preis: 199Euro.

Diese Beraterin verkaufte diesen Ring nun fast täglich. Sie war so begeistert, dass sie jedem, der es hören wollte (oder auch nicht …) sagte: Schau nur, was für ein wahnsinnig schöner Ring! Der kostet nur 199 Euro, ich kann das immer noch nicht glauben, was für ein super Preis für so ein ausgefallenes, aufwendig gearbeitetes Schmuckstück.

IHRE Begeisterung und ihr persönliches Preisempfinden waren die Grundlage der großartigen Verkaufszahlen, die sie mit diesem Ring erreichte.

Glaubwürdigkeit und Begeisterung sind sehr gute Ratgeber!

Die Vorstellung Ihres Produktes wird Ihnen ausführlich in der internen Schulung Ihrer Firma erläutert. Hier geht es jetzt nur um Tipps und Tricks sowie Gedanken zum Verkauf.

> **„Der Schlüssel zum Erfolg sind nicht Informationen, es sind Menschen."**
> **(Lee Iacocca)**

TIPP:
Denken Sie immer daran, dass die meisten Präsentationen am Abend stattfinden. Ihre Gäste hatten auch einen langen, eventuell anstrengenden Tag! Die Veranstaltungen sollten daher stets fesselnd und kurzweilig sein, nur so werden Sie von weiteren Gästen eingeladen, und auch die aktuelle GG hat Interesse daran, Sie wieder einzuladen!

Bemühen Sie sich um alle Gäste. Natürlich wird es darunter welche geben, die lauter und dominanter sind als andere. Das heißt nicht, dass Ihre Aufmerksamkeit nur diesen Gästen gehört!

Ganz im Gegenteil!

Sprechen Sie einmal mit erfahrenen Vertrieblern. Immer wieder passiert es, dass diejenigen, die uns die ganze Zeit über beschäftigen, am Ende ohne einen Kauf die Präsentation verlassen.

Aber aus irgendeiner Ecke meldet sich eine leise und zurückhaltende Kundin und fragt, ob sie denn auch etwas bestellen darf!

Diese Erfahrung hat wohl jeder gemacht, der schon einmal im DV gearbeitet hat, und es sollte uns hellhörig werden lassen, damit wir daran denken, uns mit allen Kunden zu beschäftigen.

Gerade die „Leisen" sollten Sie AKTIV in die Präsentation mit einbeziehen. Fragen Sie diese gezielt nach Wünschen oder Vorlieben, versuchen Sie, gerade mit diesen Gästen ins Gespräch zu kommen.

Nur ein wirklich guter Zuhörer wird auch ein wirklich guter Verkäufer.

Es geht nicht darum, dass ich ein Produkt habe, das ich verkaufen möchte. Ich muss wissen, warum mein Gegenüber dieses Produkt haben wollen könnte!

Und Sie sollten sich bewusst machen, dass das Verkaufen in den meisten Fällen eine Frage von Sympathie ist.

Der Verkauf, in dem wir uns bewegen, ist ja immer mit „haben wollen" verbunden. Wir verkaufen im DV keine Grundnahrungsmittel!

Ein Verkäufer, der die Gunst des Kunden nicht gewinnt, verkauft in den seltensten Fällen.

Ich habe meinen Mitarbeiterinnen in den Seminaren des Schmuckhandel-Vertriebs immer gesagt:

„Denken Sie daran, Sie haben ein Produkt, das kein Mensch braucht! Sie verkaufen schlussendlich Gefühle!"

Das mag sich seltsam anhören, wenn man sich mit der Materie des Verkaufens noch nicht auseinander gesetzt hat,

aber anders als bei dem Verkauf von „lebensnotwendigen"
Gütern hat der Verkauf von Dingen, die man nur zur Freude
kauft, viel Raum für Gefühle.

„Wer nicht lächeln kann, darf kein Geschäft eröffnen." (chinesisches Sprichwort)

Ihre Aufgeschlossenheit jedem einzelnen Kunden gegenüber
ist von existenzieller Bedeutung, wenn Sie Erfolg haben
möchten. Eine positive Grundhaltung ist die Voraussetzung
für Menschen im Verkauf.

Bekannt sind die vier „M" für Menschen im Verkauf:

„Man muss Menschen mögen."

Und dennoch: Wir alle sind nicht frei von Vorurteilen.
Bemühen Sie sich, so wertfrei, wie es Ihnen möglich ist, mit
Ihren Gästen umzugehen! So, wie Sie von den Menschen bei
der ersten Begegnung „gescannt" werden, so wird häufig
auch von Ihnen ein Urteil über den Gast gefällt.

Ob Ihnen ein Gast sympathisch ist oder nicht, spielt aber keine Rolle.

Sie sind nicht auf der Suche nach der Erweiterung Ihres Freundeskreises!

Und natürlich entscheiden wir nicht darüber, ob ein Gast für unser Produkt Geld ausgibt, und wenn ja, wie viel. In diese Falle tappen viele Verkäufer, irgendetwas an unserem Gegenüber veranlasst uns zu der Annahme, hier wäre kein Geschäft zu machen, und schon sind wir um diesen Gast weniger bemüht.

> **TIPP:**
> *„Teuer" ist ein relativer Begriff und für jeden etwas anderes! Dies sollte Ihnen unbedingt bewusst sein.*

Nehmen wir einmal folgendes Beispiel:

Sie lieben Schuhe! Wenn Sie sich etwas gönnen können oder wollen, dann sind es Schuhe! Was diese kosten, spielt nur eine untergeordnete Rolle, lieber verzichten Sie auf etwas anderes.

Also auch wenn das Paar 300 Euro kostet, würden Sie es sich gönnen. Für Ihre Freundin, die all ihr Geld in ihr Hobby investiert, sind Schuhe für 300 Euro wahnsinnig teuer! Ihr Fokus, Geld auszugeben, liegt einfach ganz woanders!

Mag also sein, dass Ihnen eine Kundin nicht als sehr liquide erscheint, vielleicht erzählt sie im Laufe des Abends auch von irgendwelchen finanziellen Sorgen.

DAS ist nicht Ihre Baustelle!

Wenn sie sich in eines Ihrer Produkte verliebt, kann es sein, dass sie sich zu einem Kauf entschließt. Also weg mit den Vorurteilen, lassen Sie jedem Gast die gleiche Zuwendung zukommen.

Hier ein Beispiel aus dem „wahren" Leben:

Auf einer Schmuckparty kommt ein Gast zu spät. Diese Frau kommt, anders als die schon anwesenden Gäste, in Jogginghose und macht insgesamt eher einen ungepflegten Eindruck. Die schmutzigen Fingernägel fallen der Beraterin sofort auf.

Der Abend schreitet voran, die Beraterin hat den später kommenden Gast mehr oder weniger links liegen gelassen ...

Nachdem mehrere Kunden bestellt haben, meldet sich diese Frau zu Wort und gibt ihre Bestellung auf: Sie bestellt Schmuck im Wert von mehr als 1000 Euro (und das bei einem damaligen Party-Durchschnittsumsatz von 600Euro).

Im Gespräch stellt sich heraus, dass es die Besitzerin eines sehr großen Blumengeschäfts und eines Gartenbaubetriebs ist.

Wieder einmal hat sich bestätigt, dass wir uns vor vorschnellen Urteilen hüten sollten!

„Kaufen lassen"

Sie werden in Ihrem Vertrieb sicherlich in verschiedenen Bereichen zu den unterschiedlichsten Themen geschult.

Auf Ihr Produkt bezogen wird es dort Tipps und Tricks geben, die Ihnen eine Hilfe sein werden.

Hier möchte ich, unabhängig vom Produkt, auf verschiedene Grundlagen von Verkaufsgesprächen eingehen.

Jedes Gespräch kann nur so gut sein, wie Sie bereit sind, sich auf Ihr Gegenüber einzulassen!

Als Grundgedanke ist es wichtig zu wissen, dass wir nicht VERkaufen, sondern KAUFEN lassen wollen.

Das sagt nichts anderes aus, als dass wir, um unser Produkt zu verkaufen, herausfinden sollten, warum unser Kunde dieses Produkt HABEN WOLLEN KÖNNTE!

Am leichtesten ist dies, wenn es Ihnen gelingt, die richtigen Fragen zu stellen und in jeder Phase einer Präsentation aufmerksam zuzuhören. Sie erhalten so auch schon im Laufe der Veranstaltung wertvolle Informationen, die Sie später im persönlichen Gespräch mit einzelnen Kunden gezielt einsetzen können.

Finden Sie die Fragen, mit deren Antworten Sie eine Chance haben, das Gespräch mit dem Kunden zu vertiefen und in den Verkauf einzusteigen.

Sinnvoll ist es, dass Sie sich eine Liste erstellen, in der Sie die Vorteile, die ein Kunde hat, wenn er Ihr Produkt kauft, erarbeiten. Die Gründe dafür, ein bestimmtes Produkt zu kaufen, sind sehr vielschichtig, und je bewusster Sie sich diese verschiedenen Gründe machen, desto eher können Sie heraushören, was den Kunden, mit dem Sie gerade im Gespräch sind, wirklich interessiert.

Diese Liste können Sie fortlaufend durch Ihre Erfahrungen ergänzen.

CHECKLISTE

_____

_____

_____

_____

_____

_____

_____

_____

_____

_____

_____

_____

_____

_____

Notizen

Gehen Sie in Gedanken auch einmal durch, welche Einwände von Ihrem Gesprächspartner kommen könnten.

Listen Sie diese Argumente ebenso auf, und finden Sie Antworten, die es Ihnen ermöglichen, das Gespräch in eine positive Richtung zu bringen. Je mehr Ihnen da einfällt, umso besser können Sie sich auf Verkaufsgespräche vorbereiten! Auch hier ergänzen Sie die Liste im Laufe der Zeit mit den Argumenten, die Ihnen „begegnen".

Natürlich bleibt das Verkaufsgespräch situativ, das heißt, Sie hören dem Kunden zu und entscheiden dann, welche Ihrer Argumente für diesen Kunden passen. Keinesfalls sollten Sie in stereotype Floskeln verfallen. Je besser Sie zuhören, desto passender kann Ihre Argumentation für den jeweiligen Kunden sein.

Nachfolgend ein kleiner Ausschnitt möglicher Einwände (und möglicher Reaktionen Ihrerseits), um überhaupt einmal ein Gespür dafür zu bekommen, in welche Richtung solche Einwände gehen könnten:

Beispiele:

❖ **… bei Fa. XY ist das viel günstiger …**
   Reaktion: Haben Sie dort schon einmal gekauft? / Wissen Sie, ob die Produkte qualitativ vergleichbar sind? / Hier ist jetzt das Fachwissen, von dem ich in dem Kapitel „Die Präsentation" und „Kaufen lassen" gesprochen habe, wichtig. Nur wenn Sie Ihr eigenes Produkt kennen und möglichst auch noch vergleichbare Produkte anderer Hersteller, haben Sie die entsprechende Grundlage für ein positives Gespräch.

❖ **… das ist mir zu teuer …**
   Reaktion: in welcher Preisklasse suchen Sie denn etwas? / Was wäre denn ein angemessener Preis? / Welches Budget hatten Sie sich denn für heute Abend gönnen wollen? / Ist es denn generell ein Produkt, das Sie gerne hätten? / Wäre es zu einem anderen Zeitpunkt interessant?

❖ **… ich habe das schon im Internet gesehen. Da war es viel günstiger, ich möchte das dort (bei der anderen Firma) bestellen …**
   Reaktion: Ja, das ist natürlich Ihr gutes Recht! Ich hätte mich gefreut, wenn Sie bei uns Kundin geworden wären. Wir bieten einen exzellenten Kundenservice, und da wir im Direktvertrieb arbeiten, haben Sie mit mir immer denselben Ansprechpartner.

❖ … ich habe schon einmal ein Produkt von Ihrer Firma gekauft. Das war gleich kaputt, und ich habe mich sehr darüber geärgert!

Reaktion: Das tut mir leid, was ist denn da passiert? (Geschichte anhören). Oder: Oh, das tut mir sehr leid, haben Sie denn damals Ihre Beraterin darüber informiert?

❖ … ich möchte mir das noch einmal überlegen …

Reaktion: Gibt es eventuell noch Fragen zu dem Produkt? Kann ich Ihnen mit irgendeiner Information die Entscheidung leichter machen? / Natürlich, das können Sie gerne tun! Ich laufe Ihnen nicht weg und freue mich, wenn Sie das Produkt zu einem späteren Zeitpunkt bestellen!

Tipp:
Erarbeiten Sie sich auch hier eine Liste mit den verschiedensten Aussagen von Kunden. Entwickeln Sie verschiedene Möglichkeiten, mit diesen Aussagen umzugehen. Ergänzen Sie die Liste nach und nach durch Ihre Erfahrungen.

Wichtig ist, dass Sie als Beraterin immer positiv aus den Gesprächen gehen. Wenn Sie verletzt oder in irgendeiner Form unangenehm reagieren, dann haben Sie die Tür zu dieser Kundin zugeschlagen.

Hierzu in den kommenden Absätzen mehr.

„Es findet immer ein Verkauf statt. Entweder verkaufen Sie dem Kunden Ihr Produkt. Oder der Kunde verkauft Ihnen sein Nein."
(David Ogilvy)

Menschen sind emotionale Wesen! Es ist an Ihnen, dem Kunden auch auf dieser Ebene zu begegnen.

Früher lehrte und lernte man klassische Verkaufstechniken. Kunden waren nicht so umfangreich informiert, wie es im 21. Jahrhundert der Fall ist. Auch das Selbstbewusstsein der Kunden ist heute ein anderes als z.B. vor 20 oder 30 Jahren.

Heute steht die Kundenorientierung deutlich im Mittelpunkt. Der Kunde kann ein Produkt häufig bei vielen verschiedenen Anbietern kaufen, und wenn seine Entscheidung nicht vom Preis bestimmt wird, dann geht es um die Person des Verkäufers und um dessen soziale Kompetenz.

Die Art, in der heute, gerade im DV Produkte vorgestellt und Kunden nach ihren ganz persönlichen Bedürfnissen „bedient" werden, hat zur Folge, dass ein guter, empathischer Verkäufer wichtiger ist als je zuvor.

Heute sprechen wir von „emotional selling", und das hat nichts mit „Verkaufstechniken" zu tun.

Vielmehr steht das Zuhören und das Reagieren auf den Kunden an erster Stelle! Der wichtigste Mensch für Sie im Verkauf ist immer der Kunde, der Ihnen gerade gegenübersitzt. Sie konzentrieren sich während Ihrer Gespräche ausschließlich auf diese Person.

TIPP:

Um generell etwas über die unterschiedlichen Wahrnehmungen der Menschen zu lernen, empfehle ich Ihnen die Lektüre über das sogenannte DISG-Modell (basiert auf einer Typologie von William Moulton Marsten 1928). Das DISG-Modell gibt Ihnen die Möglichkeit, sich mit den unterschiedlichen Persönlichkeitstypen vertraut zu machen.

Auch wenn dieses Modell wegen seiner Einfachheit heute immer wieder einmal in der Kritik steht und von einigen als nicht zeitgemäß bewertet wird, ist es für die Gespräche, um die es im Direktvertrieb geht, durchaus hilfreich.

Natürlich kommt es auch immer wieder vor, dass ein Gast nicht kauft. Tragen Sie das mit Fassung. Es ist wichtig, dass Sie Ihre Haltung gegenüber einem Gast, der nicht kauft, auf gar keinen Fall ändern! Der Umgang mit einem nicht kaufenden Kunden kann für Ihre Zukunft von entscheidender Bedeutung sein.

Wenn es die Situation erlaubt, versuchen Sie auch herauszufinden, warum dieser Kunde nicht kaufen möchte.

Wie positiv wird sich jemand an Sie erinnern, wenn Sie bei Ihrer freundlichen Art bleiben, auch wenn Sie keinen Verkauf erzielen konnten. Immer wieder gibt es Verkäufer, die, eben noch bemüht und superfreundlich, plötzlich merklich das Interesse am Gegenüber verlieren, weil gerade entschieden wurde, heute nichts zu kaufen.

Das ist sicher einer der größten Fehler im Verkauf.

Sie nehmen sich die Möglichkeit, zu einem anderen Zeitpunkt oder mit einem anderen Angebot noch einmal Kontakt zu diesem Kunden aufzunehmen!

Wenn Sie langfristig in diesem Job arbeiten und wenn Sie im Vertrieb Karriere machen möchten, dann geht das nur mit vorausschauendem Denken. Dazu gehört natürlich auch, den noch nicht kaufenden Kunden für die Zukunft nicht zu verschrecken.

Zum Abschluss eines Verkaufsgespräches gehört immer noch einmal ein „Kompliment" dafür, dass der Kunde sich zu diesem Kauf entschieden hat. In welcher Form Sie das machen, ist relativ egal, viel eher geht es darum, dem Kunden noch einmal zu bestätigen, dass er sich gut entschieden hat.

Zauberwort „Weiterbuchung"

Bei den ersten Präsentationen geht es nicht wirklich um den großartigen Umsatz, den Sie sich langfristig vorgenommen haben.

Es geht um Kontakte!

Jeder Kontakt bedeutet im DV langfristig die Chance auf Umsatz und die Weiterentwicklung Ihres Kundenkreises.

Und jeder neue Kontakt enthält für Sie die Chance auf eine Weiterbuchung.

Dabei schult jedes DV-Unternehmen die Frage nach einer Weiterbuchung anders. Es gibt, je nach Vertrieb, viele verschiedene und hilfreiche Tipps. Daher gehe ich hier nur auf ein paar grundlegende Gedanken zum Thema „Weiterbuchung" ein.

TIPP:
Nehmen Sie sich an jedem Abend vor, mit wie vielen Buchungen Sie nach Hause gehen wollen. Machen Sie die Gastgeberin zu Ihrer Verbündeten! Sie kennt ihre Gäste und kann Ihnen immer behilflich sein, wenn es darum geht, Termine aus dieser Präsentation heraus zu buchen!

Wie bekommen Sie nun regelmäßig Weiterbuchungen?

Das Thema „Weiterbuchungen" ist für den Erfolg eines Beraters oder einer Beraterin im DV von elementarer Bedeutung.

Es ist gut zu wissen, dass es ganz einfach ist, wenn man weiß, wie es geht, und dies im besten Fall auch ein wenig übt.

Den Grundstein einer jeden Weiterbuchung legen Sie bereits im Laufe der Präsentation:

* Haben die Gäste Spaß?
* Ist der Abend kurzweilig?
* Bin ich sympathisch und locker?
* Bin ich kompetent?
* Beziehe ich alle Gäste in die Präsentation mit ein?
* Fühlen sich alle Gäste angesprochen?
* Gehe ich auf jeden einzelnen Gast ein?
* Bin ich feinfühlig und niemals aufdringlich?
* Fühlt die GG sich wohl? Habe ich mich für die Einladung bedankt?
* Habe ich die Geschenke, die eine GG im DV erhält, begeistert vorgestellt?

Vielleicht fallen Ihnen noch mehr Fragen ein, die Sie sich stellen können, um zu wissen, ob es wahrscheinlich ist, dass Gäste bei Ihnen weiterbuchen.

Die Weiterbuchung setzt sich aus mehreren Komponenten zusammen:

1. Ihrer Person und dem Verlauf des Abends.
2. Der Akzeptanz für Ihr Produkt.
3. Ihr Erkennen der unterschiedlichen Motive für eine Weiterbuchung.

Das Erkennen der Motive ist wichtig, nur so können Sie im Gespräch um die Weiterbuchung die richtigen Aussagen machen!

Beispiele für Motive:

❖ Der Gast ist von dem Produkt begeistert.
❖ Der Gast würde gerne mehrere Artikel (z. B. Schmuck/ Kosmetik/ Bekleidung) bei Ihnen kaufen. Wenn dieser Gast Gastgeberin wird, kann er Produkte kostenlos erhalten oder mit einem Rabatt kaufen.
❖ Der Gast ist sichtbar von der Präsentation begeistert, hat Spaß, berät andere Gäste.
❖ Der Gast erzählt von anderen Unternehmen, für die er GG war.
❖ Der Gast spricht von seinem großen Freundeskreis.
❖ Der Gast ist begeistert von dem Bonussystem Ihres Unternehmens.
❖ Die anderen Gäste sprechen diesen Gast schon darauf an, dass er der nächste GG sein könnte.

Sicher gibt es auch hier noch weitere Motive. Es geht jetzt erst einmal darum, diese Motive wahrzunehmen und das Gespräch um die Buchung auf das auszurichten, was Sie als Motiv bei diesem Gast erkannt haben.

Sprechen Sie jeden Gast persönlich auf eine Weiterbuchung an. Das Fragen in die Runde der Gäste ist selten von Erfolg gekrönt.

Fragen Sie einen Gast, der nicht bestellt hat, ebenfalls nach einer Buchung. Nicht zu bestellen ist ja keinesfalls gleichzusetzen mit einer Ablehnung Ihres Produktes! Daher empfehle ich immer auch das Gespräch mit der Frage nach dem WARUM für das Nichtkaufen.

Von Produkt zu Produkt sind natürlich sowohl die Argumente für eine Buchung als auch die Zielgruppen sehr unterschiedlich.

Es gibt jedoch verschiedene Tipps, die sich einfach für die verschiedensten Unternehmen anpassen lassen:

❖ Am Beginn des Abends und nach meinem Dank für die Einladung der Gastgeberin sage ich einmal etwas in die Runde wie: „Schauen Sie sich den Abend in Ruhe an, vielleicht sind unter Ihnen meine nächsten GG, die sich von mir beschenken lassen."

❖ Im Laufe des Abends, meistens während der Bestellung, sprechen Sie jede Kundin auf eine Buchung an!

❖ Natürlich gibt es, auch abhängig von Ihrem Produkt, die unterschiedlichsten Formulierungen. Ganz sicher wird auch das in Ihrem Unternehmen geschult. Hier nur ein paar allgemein gültige Sätze:

- Sehr gerne würde ich auch einmal zu Ihnen kommen, es war toll, wie begeistert Sie alles ausprobiert haben.

- Ich freue mich, dass Sie heute Abend hergekommen sind, es war toll, wie Sie die anderen Gäste mitgerissen haben ... Wann möchten Sie sich denn als GG einmal beschenken lassen?

- Sie haben so begeistert von Ihren Freundinnen erzählt, wann wollen Sie denn diese Freundinnen einmal mit einer Präsentation begeistern?

- Wenn Ihnen so viele Artikel aus meiner Kollektion gefallen, dann werden Sie doch GG und lassen Sie sich von uns beschenken.

❖ Suchen Sie Einstiegsformulierungen, die zu Ihnen und zu Ihrem Produkt passen. Hören Sie während der Veranstaltung aufmerksam zu, was erfahren Sie über einzelne Kundinnen, was Sie in dieser Phase der Präsentation gut nutzen können?

Wenn Sie Ihre ersten Weiterbuchungen gemacht haben, empfehle ich Ihnen, diese neuen Gastgeberinnen so gut wie möglich an sich zu binden. Eine gute Möglichkeit besteht darin, am darauffolgenden Tag eine Nachricht zu schicken oder ein kurzes Telefonat zu führen, in dem Sie sich einfach für den Termin bedanken und Ihre Freude über diese Buchung noch einmal bestätigen.

Für die neue Gastgeberin bedeutet dies zweierlei:

1. Der Termin ist wirklich verbindlich.
2. Sie selbst sind verbindlich und sympathisch durch Ihren Dank.

Im besten Falle haben Sie nun Ihre ersten Präsentationen überstanden. Jetzt geht es darum, von Anfang an dranzubleiben.

CHECKLISTE

Notizen

Die Kundenkartei und der Aufbau eines Fanclubs

Das Wort „Fanclub" mag auf den ersten Blick seltsam erscheinen, geht es doch um Ihre Kunden.

Ich habe vor vielen Jahren begonnen mit diesem Begriff zu arbeiten, denn das Wort „Fanclub" macht am ehesten deutlich, was wir bei unseren Kunden erreichen möchten: eine enge Bindung, Vertrauen und das Gefühl, dass der Kunde sich absolut auf uns verlassen kann.

Wenn ich von dem Aufbau eines Fanclubs spreche, beinhaltet das die Wertschätzung, die ich meinen Kunden entgegenbringen werde, um diese Bindung zu erreichen.

Einen Fanclub kann ich nur aufbauen, wenn ich eine gute und inhaltsreiche Kundenkartei pflege.

Hinweis: Im Rahmen der Neuerungen im Datenschutzgesetz aus dem Jahr 2018 ist es jetzt notwendig, dass Kunden, deren Daten erfasst werden, eine Einverständniserklärung unterschreiben. Diese Erklärung wird Ihr Unternehmen vorgefertigt an alle Mitarbeiter geben. Bezüglich der Bestimmungen der Kaltakquise wird an den Gesetzen derzeit noch „gefeilt". Daher bitte ich Sie, sich zum aktuellen Zeitpunkt über diese Bestimmungen zu informieren.

Machen Sie sich Gedanken darüber, wie Sie Ihre Kartei führen wollen. Es gibt online eine Menge verschiedener Programme, die Sie nutzen können, schauen Sie, was Ihnen am besten gefällt. Selbstverständlich können Sie Ihre Kartei auch ganz klassisch in Form von Karteikarten anlegen.

Auf die Form kommt es dabei nicht an, aber:

Wenn Sie von Anfang an eine gute Kundenkartei führen, ist es ein Leichtes, zum Beispiel zum Geburtstag zu schreiben, bei besonderen Angeboten genau auf diese Kundin zuzukommen, auch beim 5. oder 10. Kauf mal ein besonderes Präsent mitzubringen. So bauen Sie sich von der ersten Stunde an einen Fanclub auf!

Zwei Dinge machen diesen Fanclub besonders wertvoll:

❖ Die Größe Ihres Fanclubs gibt Ihnen ein positives Selbstwertgefühl! So viele Menschen mögen mich, freuen sich auf ein Wiedersehen, sind mir wohlgesonnen usw.

❖ Ein Fanclub ist Ihr „Trost" und auch Ihre Hilfe in „schlechten" Zeiten. Wenn es einmal nicht so gut läuft, sind das die Menschen, die Ihnen helfen, Sie unterstützen!

Gerne möchte ich Ihnen ausführlich über die Möglichkeiten zum Auf- und Ausbau eines Fanclubs berichten. Hier also einige Denkanstöße:

❖ Ich melde mich bei meinen Kunden, OHNE Verkaufsabsicht zu Geburtstagen/ besonderen Feiertagen. In welcher Form auch immer Sie sich melden, das ist sekundär. Machen Sie das so, wie es zu Ihnen passt. Wichtig ist einzig und allein, dass Sie es tun!

❖ Versenden Sie zu besonderen Anlässen Gutscheine. Wenn es diese in Ihrem Unternehmen nicht gibt, kreieren Sie selbst welche und versenden diese. Denken Sie immer daran, dass ein Gutschein, den Sie auf eigene Kosten vergeben, nur dann zum Tragen kommt, wenn der Kunde ihn nutzt. Das wiederum hat automatisch einen Verkauf und somit auch einen (wenn auch geschmälerten) Gewinn zur Folge!

❖ Machen Sie einmal im Jahr eine besondere, von Ihnen persönlich entwickelte Aktion. Das kann ein Themen-Abend sein, eine Woche, in der Sie bei jeder Präsentation eine Verlosung machen, zum Beispiel in der Woche, in der Sie ein Jahr oder zwei Jahre usw. dabei sind.

❖ Bringen Sie ein kleines, aber liebevolles Dankeschön mit, wenn eine Kundin zum 5. oder 10. oder 15. Mal bei Ihnen gekauft hat.

❖ Bringen Sie ein kleines Dankeschön mit, wenn eine GG mehrmals für Sie GG war.

❖ Führen Sie ein Wünschebuch, falls Sie für einen DV arbeiten, der saisonale Produkte anbietet. In so einem Buch werden Produkte festgehalten, die eine Kundin sucht. Wenn das passende Produkt in Ihre Kollektion kommt, bekommt diese Kundin eine Nachricht von Ihnen.

❖ Wenn es Ihnen möglich ist, laden Sie „besondere" Kunden auch einmal zu einer Präsentation zu sich nach Hause ein. Viele Kunden im DV sind neugierig auf das Zuhause der Beraterin.

❖ Sammeln Sie bei Ihren Kunden Referenzen. Wenn eine Kundin Ihnen sehr positiv gesonnen ist, bitten Sie sie, Ihnen einen kleinen Zwei- oder Dreizeiler zu schreiben, den Sie in Ihren Werbeunterlagen verwenden können.

❖ Lassen Sie Ihre Kunden an Ihren Erfolgen teilhaben! Wenn Sie zum Beispiel in Ihrem Vertrieb eine Reise erarbeitet haben, dann danken Sie auch denen, die das ermöglicht haben! Ohne unsere Kunden sind wir nichts!

❖ Feiern Sie Ihr persönliches Jubiläum immer auch mit Ihren Stammkunden. Wie Sie dies tun, ist wieder zweitrangig, auch hier geht es nur um das TUN!

❖ Wenn es möglich ist, helfen Sie auch einmal Ihren Kunden und GG. Vielleicht ist jemand wie Sie auch im DV tätig und sucht Kontakte? Helfen Sie, wann immer es geht, und Sie werden weit mehr zurückbekommen, als Sie erwarten!

❖ Machen Sie sich von Zeit zu Zeit Gedanken darüber, mit welchen Maßnahmen Sie Ihren Fanclub erweitern und pflegen können. Vieles entwickelt sich im Laufe der Zeit von allein, und es ist gar nicht möglich, hier alle Varianten, die sich genau in Ihrem Business ergeben werden, vorherzusehen. Wichtig ist, dass Sie den Fokus auf die Pflege Ihres Fanclubs nicht verlieren und die Weiterentwicklung immer im Auge haben.

❖ Wenn Sie sich auf der Präsentation vorgestellt haben, dann geben Sie jedem Gast PERSÖNLICH Ihre Visitenkarte! Erwähnen Sie hierbei, dass Sie, egal ob der Gast heute zum Kunden wird oder nicht, in Zukunft für Ihr Produkt der Ansprechpartner sind.

❖ Wenn Sie gerne in sozialen Medien unterwegs sind, halten Sie Ihre Seiten professionell. Ein Kunde wird Ihr Facebook- Profil nicht wieder besuchen, wenn dort nur Bilder der letzten privaten Feiern zu finden sind.

❖ Ungeteilte Aufmerksamkeit ist ein hohes Gut, und wem es gelingt, sich voll und ganz auf das Gegenüber einzulassen, der schafft sehr schnell eine Atmosphäre von Vertrauen und Sympathie. Die ersten Sekunden eines Gesprächs sind hier schon entscheidend! Nutzen Sie dieses Wissen. Schulen Sie sich selbst im Zuhören, und denken Sie immer daran, dass Sie sich ganz auf Ihr Gegenüber konzentrieren wollen.

❖ Werden Sie zum Komplimentemacher! Wann bekommen wir denn schon mal ein ehrliches Kompliment? Und wer von uns wäre nicht glücklich, etwas Nettes über sich zu hören? Komplimente sind nicht nur Wertschätzung, Sie zeigen auch, dass ich mein Gegenüber bewusst wahrnehme. Ich spreche hier nicht von irgendwelchen abgedroschenen Floskeln. Es ist wichtig, sich auf das Gegenüber einzulassen um auch wirklich ein ehrliches Kompliment zu machen! Üben Sie das einfach, es ist leichter, als Sie denken, und beschert Ihnen viele glückliche Gesprächspartner.

❖ Ein Fanclub entwickelt sich durch langfristige Bindung, nutzen Sie die aufgezeigten Möglichkeiten.

Ich habe Mitarbeiter erlebt, die, wenn sie kurzfristig Termine benötigten, eine große Anzahl an Kunden hatten, von der sie wussten, dass ein Telefonat genügte, um diese Kunden zu motivieren, schnellstmöglich eine Präsentation auf die Beine zu stellen.

Und noch ein Beispiel für den Wert eines Fanclubs:

Eine meiner langjährigen Beraterinnen hatte einen sehr gut gepflegten Fanclub. Als sie nach Jahren das Unternehmen verließ und ein vollkommen anderes Produkt vertrieb, gelang es ihr bei einer sehr hohen Anzahl ihrer Stammkunden für das neue Unternehmen Termine zu buchen. Das war ein echter Fanclub!

Wer so etwas bei seinen Kunden erreicht, hat in der Kundenpflege wirklich alles richtig gemacht!

Wenn Sie im DV Karriere machen möchten, dann legen Sie hier am Anfang den Grundstock für eine erfolgreiche Zukunft.
Kundenpflege ist im DV immer wieder ein Thema, und nur die Besten beherrschen es, sich auch um die zu kümmern, die vielleicht nicht heute, sondern erst morgen oder übermorgen zu kaufenden Kunden werden.

Sie wollen hier schließlich Geld verdienen und langfristig erfolgreich sein, daher sollte für Sie die Pflege des Kundenstammes selbstverständlich sein.

Einblicke in die Welt der Direktvertriebe/ Besonderheiten des DV

Das ist der Zeitpunkt, zu dem wir die Besonderheiten des Direktvertriebs einmal genauer beleuchten sollten.

Der DV-Kunde ist häufig ein „treuer, langjähriger" Kunde, weil er die persönliche Beratung und die entspannte Einkaufssituation auf den Präsentationen schätzt.

Im Widerspruch dazu gibt es eine auf den ersten Blick erstaunlich hohe Fluktuation bei den Mitarbeitern. Dies liegt an verschiedenen Faktoren:

1. Viele Menschen planen die Beratertätigkeit als Nebenjob. Wenn Sie dann nicht leicht und schnell zum gewünschten Erfolg kommen, wird schnell das Handtuch geworfen.

2. Für andere ist es nur eine Zwischenlösung (während der Arbeitslosigkeit, zu einer Zeit, in der etwas mehr Geld benötigt wird usw.).

3. Andere wurden einfach von irgendjemanden „überredet". Das kommt häufiger vor, als man denkt, denn die Empfehlung neuer Mitarbeiter wird in vielen DV sehr hoch honoriert. Wenn derjenige, der da überredet wurde, dann nicht an die Hand genommen wird, um wirklich Spaß und Erfolg zu haben, ist er so schnell wieder weg, wie er gekommen ist.

4. Natürlich gibt es Menschen, für die dies einfach nicht der richtige Job ist. Sie scheuen sich davor, Menschen anzusprechen, und haben auch beim Thema „Verkaufen" kein gutes Gefühl. So schaffen sie es nicht, die Hürden des Anfangs zu nehmen. Leider fehlt es hier häufig an der nötigen Unterstützung durch das Unternehmen.

5. Wieder andere stoßen schon bei dem Buchen der ersten Termine auf Widerstände, wenn Freunde und Familie nicht bereit sind, etwas Unterstützung zu leisten. Gerade am Anfang dieses Geschäfts ist es von großem Vorteil, wenn die Familie einem den Rücken stärkt und im besten Fall auch für die eine oder andere Präsentation sorgt.

All diese Umstände tragen dazu bei, dass nur wenige Kunden in den Genuss einer langjährigen Betreuung durch eine Beraterin oder einen Berater kommen.

Für Sie, die Sie etwas erreichen möchten, bietet aber genau dieser Umstand enorme Chancen! Sie können nicht nur Ihre eigenen Kunden betreuen, Sie können auch Kunden von ausgeschiedenen Kolleginnen übernehmen.

Für Mitarbeiter, die sich langfristig in einem DV einbringen wollen, ist das eine tolle Chance auf zusätzliche Kunden.

Ein Kunde im DV wird leider sehr häufig „nur" dann bedient, wenn er auf einer Präsentation anwesend ist. Auch das ist ein Grund dafür, dass ich es als besonders wichtig erachte, eine gute und strukturierte Kundenkartei zu führen!

Ein Kunde, den Sie schon kennengelernt haben, kann aus verschiedensten Gründen auf der aktuellen Veranstaltung fehlen. Das heißt nicht, dass er kein Interesse mehr an Ihrem Produkt hat. Umso wichtiger ist es, sich klarzumachen, dass wir auch außerhalb der Präsentationen Kontakt zu Kunden halten sollten!

> *Tipp:*
>
> *Ein Anruf, eine Mail, die Nachfrage, ob mit dem gekauften Produkt „alles gut" sei, immer findet sich eine Möglichkeit, sich in Erinnerung zu bringen.*

Eine Kundin, die Sie auf dieser Präsentation erwartet haben oder die Ihnen von der GG avisiert wurde, sollte generell kontaktiert werden, wenn sie dann doch nicht zur Präsentation gekommen ist.

Persönliche Zielsetzung

Damit sind wir auch schon bei dem spannenden Thema der „Ziele"!

> *„Du musst wissen, wohin du willst, sonst landest du woanders".*
> *(Verfasser unbekannt)*

Dieser weise Spruch ist gerade für Selbstständige absolut wahr. Ohne ein Ziel werden Sie weder erfolgreich noch zufrieden!

Wichtig ist aber, dass es IHR Ziel ist.

Nicht das Ihrer Familie, nicht das Ihrer Teamleiter, nein, es funktioniert nur, wenn es Ihr eigenes Ziel ist.

Pokern Sie am Anfang nicht zu hoch!

Ziele sollten immer erreichbar sein. Wenn Sie merken, dass Ihr Ziel zu irgendeinem Zeitpunkt nicht mehr passt, dann korrigieren Sie es. Es ist keine Schande und für Sie deutlich besser, als Erfolgen hinterherzujagen, die vielleicht augenblicklich einfach nicht machbar sind!

> *„Hindernisse sind diese furchteinflößenden Dinge, die man sieht, wenn man die Augen vom Ziel abwendet."*
> *(Henry Ford)*

Bei den Zielen sollten Sie sich, gerade am Anfang Ihrer Tätigkeit, folgende Fragen stellen:

Zum Beispiel:

1. Wie viele Termine möchte ich im Monat durchführen?

2. Was sagen die Kollegen, wie viele Termine muss ich, unter Berücksichtigung von Terminverschiebungen und Terminabsagen, für diese Anzahl von Terminen buchen?

3. Welche Provision möchte ich monatlich verdienen?

   ERKLÄRUNG: Die Provision in den Direktvertriebsunternehmen ist meistens keine „feste Größe". Das heißt, dass in vielen Marketingplänen ab einem bestimmten Monatsumsatz eine höhere Provision gezahlt wird.

4. Wie viele Weiterbuchungen will ich in einem Monat generieren?

5. Will ich Mitarbeiter werben? Wenn ja, wie viele und in welchem Zeitraum?

„Du siehst Dinge und fragst, warum?
Ich träume von Dingen und sage, warum
nicht?"
(George Bernhard Shaw)

„Man sollte die Dinge nehmen, wie sie kommen. Aber man sollte dafür sorgen, dass sie so kommen, wie man sie nehmen möchte."
(Curt Goetz)

After Sales

Langfristige Kundenbindung erreichen Sie auch, wenn Sie es sich angewöhnen, den Kunden nach dem Erhalt der Ware noch einmal kurz zu kontaktieren.

Dies ist eine tolle Möglichkeit, sich noch einmal die Zufriedenheit des Kunden bestätigen zu lassen.

Zusätzlich besteht, gerade im DV, durchaus die Möglichkeit, dass dieser Kunde jetzt, bei diesem Telefonat, doch noch einen Termin bei Ihnen bucht oder auch eine Nachbestellung aufgibt.

Sollte es irgendwelche Unklarheiten mit der Ware geben, ist gleichzeitig abgesichert, dass Sie dies erfahren. Immer wieder werden Ihnen Kunden begegnen, die von Käufen berichten, die nicht in Ordnung waren.

Leider melden sich bei Weitem nicht alle Kunden in so einer Situation bei ihrer Beraterin.

So kann Ware aus dem DV einfach im Schrank landen, und bei der Kundin bleibt der bittere Nachgeschmack, hier etwas gekauft zu haben, das nicht ihren Erwartungen entsprochen hat.

Es gibt deutlich mehr Menschen, als man denkt, die mit einem Produkt, das ihnen nicht gefällt oder das nicht passt, das vielleicht sogar fehlerhaft ist, NICHT zurück zum Verkäufer gehen. Stattdessen wird tatsächlich, manchmal sogar jahrelang, über die Firma „hergezogen". Eine Chance, den Fehler zu korrigieren, erhält das Unternehmen in diesem Falle nicht.

> *TIPP:*
>
> *Um langfristig und regelmäßig bei Kunden, die Ware erhalten haben, nachzufragen, macht es Sinn, dass Sie sich von Anfang an eine Liste mit den entsprechenden Zeitrahmen anlegen. Wenn Sie diese Liste pflegen und sich eine Erinnerung einbauen, haben Sie mit diesem tollen Service noch nicht einmal viel Arbeit.*

Das Telefonieren, die Außenbuchungen und die Kaltakquise

„Erfolg hat drei Buchstaben: TUN."
(Johann Wolfgang von Goethe)

Nun sind wir gedanklich so viel auf ersten Präsentationen unterwegs gewesen, dass es Zeit für einen Zwischenstopp zu einem anderen Thema ist.

Das Telefonieren gehört zum Alltag eines jeden Vertrieblers, und natürlich gibt es die verschiedensten Anlässe:

Buchungstelefonate, Serviceanrufe, Anrufe im Rahmen der Kundenpflege, GGV, Telefonate nach Messen und Ausstellungen, Telefonate mit Kunden ausgeschiedener Mitarbeiter, Neukunden-Akquise.

Wer anfängt, beruflich zu telefonieren, sollte einige grundlegende Dinge wissen und beachten:

❖ Jedes Telefonat, das Sie führen, hat ein Ziel!

❖ Generell sollten Sie sich auf Ihre Telefonate gedanklich vorbereiten:

- Wer ist Ihr Gesprächspartner? Was wissen Sie von Ihrem Gesprächspartner? Wann war der letzte Kontakt? Was hat sich seitdem getan?

- Welchen Nutzen kann ich meinem Gesprächspartner vermitteln?

- Wie wollen Sie Ihr Anliegen kurz und knapp vermitteln?

- Was wollen Sie mit diesem Telefonat erreichen?

- Welche Fragen und Einwände könnten von Ihrem Gesprächspartner kommen?

Damit Ihr Gesprächspartner und Sie selbst sich beim Telefonieren wohlfühlen, sollten Sie auf folgende Dinge achten:

❖ Für Ihr persönliches Wohlbefinden verinnerlichen Sie, dass Sie KEIN Bittsteller sind. Sie haben ein Angebot, das Sie dem Kunden mitteilen.

❖ Essen Sie nicht beim Telefonieren.

❖ Vermeiden Sie Störungen, z.B. durch Kinder, die alle zwei Minuten nach Ihnen rufen.

❖ Lächeln Sie am Telefon. DAS kann man hören!

❖ Es gibt keine Telefonzeiten, die für alle Menschen passen, aber es gibt Zeiten, die Sie meiden sollten: abends nach 20 Uhr, sonnabends, sonntags, feiertags, freitagnachmittags und montagvormittags.

Ablauf eines Geschäftsgesprächs:

❖ Stellen Sie sich mit Vor- und Nachnamen vor, und nennen Sie danach den Namen Ihrer Firma.

❖ Fragen Sie danach, ob es für den Gesprächspartner gerade gut passt. Sammeln Sie verschiedene Formulierungen, mit denen Sie diese Frage stellen wollen. Wenn Ihr Gesprächspartner diese Frage verneint, klären Sie gleich, wann ein günstiger Zeitpunkt wäre. Hinweis: Bezüglich der Frage danach, ob der Angerufene gerade Zeit hat, gibt es verschiedene Ansichten. Viele Menschen, die im Business telefonieren, empfinden diese Frage als überflüssig. Entscheiden Sie selbst, wie Sie gerne vorgehen möchten.

❖ Stellen Sie Ihrem Gesprächspartner Ihr Angebot kurz und präzise vor, und nennen Sie unmittelbar danach den Vorteil, den der Kunde aus diesem Angebot ziehen kann.

❖ Benutzen Sie keine „Füllwörter" oder negative Wörter wie z. B: müssen, sollten, eigentlich, aber, trotzdem, normalerweise, hätten.

❖ Hören Sie aufmerksam zu, gehen Sie auf die Fragen des Kunden ein.

❖ Wiederholen Sie die Aussagen des Kunden, signalisieren Sie so, dass Sie den Kunden verstanden haben und interessiert zuhören.

❖ Nennen Sie den Kunden während eines Gesprächs mindestens zweimal beim Namen.

❖ Machen Sie sich während des Gesprächs Notizen über Dinge, die dem Kunden wichtig sind.

❖ Kommen Sie möglichst zügig wieder auf den Grund Ihres Anrufs zurück und fassen Sie zum Ende des Gesprächs noch einmal die Dinge, die Sie vereinbart haben, zusammen.

❖ Gehen Sie mit einem klaren Ergebnis aus dem Gespräch.

❖ Wenn Sie für Ihr Angebot von einem Kunden ein klares Nein erhalten, nehmen Sie dies nicht persönlich!

Außenbuchungen:

Unter Außenbuchungen versteht man im DV alle Termine, die nicht direkt auf einer Präsentation gebucht werden. Dabei ist es unabhängig, ob Sie den Kunden, der diese Buchung macht, über eine Präsentation oder auf anderem Wege kennengelernt haben.

Kaltakquise:

Unter Kaltakquise versteht man das Ansprechen von Personen, die man nicht persönlich kennt, mit dem Ziel, diese für das eigene Produkt zu begeistern. Für viele ist die „echte" Kaltakquise erst einmal schwierig. Auf fremde Menschen zuzugehen und das eigene Angebot kurz und knapp so vorzustellen, dass der Gesprächspartner neugierig wird, soll geübt sein!

Ich gebe Ihnen einen wundervollen Leitsatz mit auf den Weg:

Einen „Nichtkunden" haben Sie ja schon!

Mir persönlich und unzähligen meiner Mitarbeiter hat dieser Satz immer wieder geholfen, wenn es darum ging, auf fremde Menschen zuzugehen.

Einen Nichtkunden haben Sie ja schon. Das sagt im Klartext, WAS sollte aus Ihrem Gegenüber Schlimmeres für Sie werden? Zurzeit ist dieser Mensch, den Sie gerade ansprechen wollen, ja auch kein Kunde. Sagt er Nein zu Ihrem Angebot, ist nichts schlimmer als zuvor.

Wenn Sie sich dieser Tatsache bewusst sind, sehen Sie, dass es gar keinen Grund gibt, das Ansprechen dieses Menschen „auf die lange Bank" zu schieben!

Wenn wir von Kaltakquise sprechen, ist es natürlich wichtig, dass Sie im Vorwege die Zielgruppe Ihres Produktes festlegen.

Machen Sie sich Gedanken und dann auch eine entsprechende Liste mit den passenden Zielgruppen. Wenn Sie diesen Kreis definiert haben, kommt die Überlegung, wie und wo Sie diese Menschen finden. Arbeiten Sie sich hier eine Liste aus, die es Ihnen ermöglicht, wann immer Sie wollen, schnell einen Plan zur Kaltakquise fertigzustellen.

Generell gibt es die verschiedensten Möglichkeiten, „fremde" Menschen zu akquirieren:

1. Sie stehen mit Ihrem Produkt auf Messen oder Ausstellungen.

2. Sie verbinden sich mit Direktvertrieblern anderer Vertriebe und organisieren gemeinsam Veranstaltungen.

3. Sie laden Kunden zu sich nach Hause ein und bitten jeden Kunden, einen für Sie fremden Gast mitzubringen.

4. Wenn Sie zu sich nach Hause einladen können, dann gibt es auch die Möglichkeit, Menschen aus der näheren Umgebung mit einer schönen Einladung zur Produktvorstellung oder zu einem Tag der offenen Tür einzuladen. Ob Sie hierzu Einladungen in der Nachbarschaft oder in angrenzenden Geschäften verteilen, die Möglichkeiten sind sehr vielfältig.

5. Je nachdem, mit welchem Produkt Sie unterwegs sind, ist es manchmal auch möglich, direkt in einem Geschäft eine kleinere Ausstellung zu machen. So wird zum Beispiel Schmuck/ Mode öfter bei Friseuren/ Kosmetikerinnen oder ähnlichen Firmen angeboten.

6. Gewöhnen Sie sich an, immer und überall über Ihren Job/ Ihr Produkt zu sprechen. Sehr häufig machen wir hier auch aus unseren Vorurteilen heraus einen Gedankenfehler: Weil diese oder jene Person für unser Produkt nicht infrage kommt, denken wir, wir könnten uns hier das Gespräch sparen. Aber was ist denn mit den Freunden und der Familie dieser Person? Wenn da zum Beispiel jemand ist, der gar kein Interesse an Schmuck/ Make-up/ Parfüm hat, heißt das noch lange nicht, dass nicht irgendjemand aus dem Freundes- oder Familienkreis genau der richtige Kunde für Sie ist.

7. Wenn sich irgendwo die Gelegenheit ergibt, fragen Sie Ihr Gegenüber: Kennen Sie jemanden. der ...?

Eines meiner liebsten Erlebnisse der Kaltakquise war Folgendes:

Zu einem Tag der offenen Tür habe ich Einladungen in der Nachbarschaft und bei einigen Geschäften im Dorf verteilt. Eine Einladung ging an die sehr nette Dame unserer Postfiliale. Leider kam sie nicht. Bei meinem nächsten Postbesuch sprach ich die Dame an, drückte mein Bedauern aus und fragte, ob ich ihr denn bei der nächsten Gelegenheit wieder eine Einladung zukommen lassen solle. Wir kamen ins Gespräch, und sie erzählte mir dann, dass sie sich eigentlich gar nicht für Schmuck interessiert. Das Einzige, was sie reizen könnte, wären solche Ohrringe, wie ich sie trug, um diese einer ihrer Töchter zu schenken. So hatte ich ganz unerwartet eine Bestellung! Aber es kam noch viel besser! Die beschenkte Tochter war total begeistert von dem Schmuckstück, und so wurde sie Gastgeberin für mich. Aus den Präsentationen bei ihr entwickelte sich ein sehr großer Kunden- und Gastgeberinnenkreis. Mehrfach haben auch Mitarbeiter von mir erlebt, dass sie, wenn sie fremde Leute ansprachen, auf ehemalige Kunden des Unternehmens trafen. Diese ehemaligen Kunden hatten durch unterschiedlichste Umstände den Kontakt zu ihrer Beraterin verloren, und viele von ihnen freuten sich, nun wieder die Chance auf regelmäßige Informationen zur aktuellen Kollektion bekommen zu können.

Die Ansprache von „Fremden" birgt also immer wieder Überraschungen und Chancen!

Service - Kompetenz

Jeder Service bietet die Chance auf eine hervorragende Kundenbindung.

Gerne möchte ich Ihnen das Thema „Service" nahebringen, und ich werde Sie davon überzeugen, dass Service etwas ganz Wertvolles sein kann!

Viele Verkäufer haben eine unbewusste Angst vor Service-Fällen. Diese Angst ist wirklich nicht nötig und bei näherem Hinsehen unbegründet.

„Service" bedeutet, gerade im DV, die Chance darauf, den Kunden nachhaltig an sich und an das Produkt zu binden.

Warum ist das so?

Wir alle haben das Bedürfnis wahr - und ernst genommen zu werden. Wenn ich als Verbraucher ein Produkt im Geschäft oder online kaufe, habe ich keinen direkten Ansprechpartner. Ich habe im Service-Fall eine Hotline-Nummer oder Service-Mail-Adresse.

Im Ladengeschäft haben wir normalerweise ständig wechselndes Personal. Im DV hat jeder Kunde einen direkten Ansprechpartner.

Das sind Sie!

Es gibt Studien darüber, dass ein nach einer Beschwerde zufriedengestellter Kunde sehr häufig ein langjähriger loyaler Kunde wird. Häufiger noch als die Kunden, die einmal bei Ihnen gekauft haben und sofort mit der Leistung zufrieden waren.

Dies liegt in erster Linie daran, dass der Kunde, dessen Beschwerde ernst genommen wird, die hohe Wertschätzung, die ihm damit entgegengebracht wird, genießt.

Am Ende ist es nicht wichtig, um welche Art von Service-Fall oder Beschwerde es sich handelt. Ob es eine Kleinigkeit ist, die der Kunde beanstandet, oder ob es sich um einen Schaden handelt, der wirklich nicht hätte passieren dürfen.

Das, worauf es ankommt, ist wirklich nur IHRE Reaktion!

Emotionale Ich-Aussagen sind hier das Wichtigste.

Versetzen Sie sich immer in die Lage des Kunden. Wie würden Sie in diesem Fall reagieren? Was würden Sie von der Firma, beziehungsweise Ihrem Ansprechpartner in diesem Fall erwarten?

Egal, wie aufgebracht (und sicher manchmal auch unsachlich) ein Kunde mit seinem Anliegen zu Ihnen kommt oder am Telefon ist, immer ist es Ihr Job, Verständnis zu zeigen. Natürlich gibt es Menschen, die ihr Anliegen polternd und manchmal wirklich sehr unangenehm vorbringen. Nehmen Sie dennoch die Beschwerde eines Kunden niemals persönlich! Es geht um das Produkt, auch wenn manche Kunden in ihrer Wut leider sehr persönlich werden.

Auch hier ein Beispiel aus der Praxis:

Als eine meiner Beraterinnen gerade mit einer Präsentation beginnen wollte, sprang eine Kundin auf und pöbelte laut und unbeherrscht los, sie sei heute nur hier, um sich zu beschweren ... Die Beraterin blieb, Gott sei Dank, ruhig und freundlich und fragte, worum es denn gehe? Die Kundin holte einen Ring, der extrem verschmutzt war und bei dem mehrere geklebte Steine fehlten, <u>aus der Hosentasche</u>. Das sei ja wohl ein Unding, dass ein Ring, der mehr als 100 Euro gekostet habe, nach einem Jahr SO aussehe! Der könne ja wohl gar nichts ab, den könne man ja wohl nur sonntags aufsetzen ... Natürlich ist es nicht immer leicht, in so einer Situation die Ruhe zu bewahren und eine so aufgebrachte Kundin zu beruhigen.

Aber, eine Chance auf die Rettung der Situation gibt es nur, wenn Sie als Beraterin in so einem Fall die Ruhe bewahren. Meiner Beraterin gelang dies, indem sie als Erstes ihr Bedauern ausdrückte. „Oh, das tut mir leid, wann ist denn das passiert? Sehr gerne hätten Sie mich anrufen können, dafür bin ich doch da! Selbstverständlich schicke ich diesen Ring für Sie zur Reparatur."

In dem eben genannten Beispiel kommt aber noch etwas anderes hinzu, das auch immer wieder einmal passieren kann: Die Kundin hatte ihr Schmuckstück nicht angemessen „behandelt". Unsachgemäße Behandlung, egal, von welchem Produkt, führt natürlich schon mal zu Service-Fällen, die an Sie herangetragen werden.

Wenn man mit Kunden solche Gespräche führt, macht es Sinn, Beispiele aus dem täglichen Leben zu nennen. Wenn ich mir ein paar Schuhe im oberen Preissegment kaufe, gehe ich mit diesen besser nicht auf den Fußballplatz meines Sohnes. Oder: Wenn ich mir ein Seidenkostüm kaufe, stecke ich es nicht in die Waschmaschine usw.

Ganz sicher möchten Sie ja einem Kunden, der einen Service-Fall an Sie heranträgt, helfen und das Problem für ihn lösen. Daher müssen Sie das Gespräch erst einmal auf eine positive Ebene bringen.

Nutzen Sie Formulierungen wie:

❖ ... ich verstehe Sie.

❖ ... das tut mir sehr leid.

❖ ... ich werde das für Sie klären.

❖ ... ich kümmere mich sofort darum.

❖ ... da wäre ich auch verunsichert.

❖ ... Sie können sich darauf verlassen, dass ich das für Sie regele.

❖ ... das kläre ich gerne für Sie.

❖ ... für solche Fälle haben Sie ja mich!

❖ ... ich bedauere wirklich ... .

❖ ... das ist mir sehr unangenehm.

Bieten Sie dann im Gespräch die passenden Lösungen an. Natürlich kann es Ihnen passieren, dass Sie auf Kunden treffen, die schon einmal bei einer Kollegin von Ihnen gekauft haben und mit der Bearbeitung eines Service-Falls nicht zufrieden waren oder einen Schadensfall gar nicht gemeldet haben.

Vielleicht beklagt der Kunde sich auch über ein anderes DV-Unternehmen.

In diesen Fällen habe ich immer Folgendes geschult:

Drücken Sie Ihr Bedauern aus, wenn es um die nicht zufriedenstellende Bearbeitung geht, und bitten Sie darum, Ihnen die Chance zu geben, es besser zu machen.

Wenn es darum geht, dass der Kunde gar keinen Service in Anspruch genommen hat, dann sagen Sie ihm, dass Sie die Erfahrung gemacht haben, dass Service-Fälle in Ihrem Unternehmen sehr kulant gelöst werden.

Anschließend können Sie freundlich ein Beispiel aus dem täglichen Leben geben: Wenn wir Probleme mit unserem Auto haben, gehen wir auch in die Werkstatt. Wir lassen den defekten Wagen nicht einfach stehen, um dann über die Firma zu schimpfen.

Solche Vergleiche machen Sinn. Der Kunde versteht sie, und wir nehmen ihm in dieser Situation den Wind aus den Segeln!

Denken Sie daran, nie etwas zu versprechen, von dem Sie nicht wissen, ob Sie es halten können! Wenn Ihnen bei einem Service-Fall nicht klar ist, was hier vonseiten Ihrer Firma angeboten werden wird, dann sagen Sie lieber einen Satz wie: „Ich mache mich sofort schlau und melde mich dann umgehend bei Ihnen …"

Wurde ein Artikel wegen eines Service-Falls zu einer Reparatur eingeschickt, dann rufen Sie den Kunden unbedingt zu dem Zeitpunkt, an dem er diesen Artikel zurückerhalten hat, an.

Nutzen Sie diese Chance der Kundenbindung. Sie fragen nach, ob alles gut geklappt hat, und bedanken sich noch einmal dafür, dass der Kunde sich mit seinem Problem an Sie gewandt hat. Dieser Kunde wird Sie sehr positiv in Erinnerung behalten.

Wenn Sie zu denen gehören, die eher „Angst" vor Reklamationen haben, dann suchen Sie sich aus den vorher aufgelisteten Reaktionen die aus, die Sie schon einmal für einen solchen Fall abspeichern.

Service gehört in jedem Geschäft zum Alltag, und je ungezwungener Sie auf diese Fälle eingehen, umso besser geht es Ihnen und Ihren Kunden dabei!

Ganz wichtig ist hierbei, dass Sie persönlich mit einem Service-Fall konform gehen.

Das heißt, Sie zweifeln weder an Ihrem Unternehmen noch an der generellen Qualität der von Ihnen verkauften Produkte.

Nur wenn Sie persönlich Probleme mit Service-Fällen haben, kann Service zu etwas Negativem werden.

Gehen Sie also positiv mit Service-Fällen um!

Achten Sie einmal darauf, wie oft Sie darüber lesen, dass Autos, Waschmaschinen oder Fernseher wegen erheblicher Mängel zurückgerufen werden.

Hier geht es um Produkte, die ein Hundertfaches der Waren kosten, die in DV-Vertrieben angeboten werden. Dennoch, auch in diesen Firmen passieren Fehler.

Das ist normal und menschlich.

Fehler gehören zum Alltag dazu und sind nur dann problematisch, wenn niemand bereit ist, die Verantwortung dafür zu übernehmen!

Wenn Sie im DV einen wirklich hervorragenden Kundenservice anbieten, haben Sie im Falle eines Service-Falls schon einen großen Vorteil. Im Kapitel, das vom Aufbau und der Pflege eines Fanclubs handelt, ist auch der Hinweis darauf zu finden, einen Kunden nach Erhalt der Ware zu kontaktieren.

Sollte also ein Artikel bei der Lieferung schon einmal defekt sein, fangen Sie den Kunden hier gleich auf!

Im Direktvertrieb, wie in fast allen Unternehmen, gibt es sehr unterschiedliche Regeln, was an Service geleistet wird und was nicht.

Es gibt sowohl kostenfreie als auch zu bezahlende Leistungen. Generell sollten Sie sich auch hier gut informieren und wissen, warum eine Leistung X nicht kostenfrei erbracht werden kann.

Auch wird es in Ihrem Unternehmen eine Aussage dazu geben, wann etwas aus Kulanz geregelt wird. Dies ist in vielen Firmen ein schwieriges Thema, denn wie das Wort „Kulanz" (griechisch „aus Gnade") schon sagt, gibt es hier häufig keinen Regelkatalog, mit dem Sie arbeiten können.

Generell aber gilt Folgendes:

Werden Sie zum Kämpfer für Ihre Kunden! Wann immer Sie das Gefühl haben, dass in diesem Fall eine Kulanz notwendig wäre, setzen Sie sich auch dafür ein.

Wenn Sie noch neu in einem Unternehmen sind, dann sprechen Sie mit Kollegen über diese Dinge. Machen Sie sich schlau, wie geht man hier mit Kulanz-Fällen um?

Ich habe erlebt, dass sich Mitarbeiter, die relativ neu im Unternehmen waren, gar nicht trauten, bei Schwierigkeiten mit einem Service-Fall nach Kulanz zu fragen.

Sie hielten sich an das Handbuch für Mitarbeiter und fühlten sich in dieser Situation unsicher, beziehungsweise schlicht überfordert. Ich halte das für gefährlich, denn als Mitarbeiter sollte ich das Verhalten meiner Firma nicht nur verstehen, sondern auch nachvollziehen können.

Ist das nicht so, fehlt mir die innere Stärke, die ich haben möchte, um dem Kunden auch im Falle einer Beanstandung positiv gegenüberzutreten.

Natürlich wird nicht in jedem Unternehmen offen über solche Dinge gesprochen. Kommunikation, gerade im Themenbereich „Service", wird häufig auf ein Minimum reduziert.

Haben Sie auch hier, wie bei der Kunden-Akquise, keine Angst vor dem Nein, wenn Sie nach einer Lösung fragen.

Wenn Ihnen für einen Reklamationsfall eine Kulanz als notwendig erscheint, dann fragen Sie danach. Sie können vielleicht eine abschlägige Antwort erhalten, aber Sie haben sich für Ihren Kunden eingesetzt!

Und Sie bekommen, wenn Ihr Fall abgelehnt wird, auch gleich noch eine vernünftige Begründung, die Sie dem Kunden übermitteln können.

Unabhängig davon sollten Sie sich mit den Kosten für Reklamationen vertraut machen.

Wenn Sie die anfallenden Kosten kennen und sich auch darüber im Klaren sind, wodurch diese Kosten entstehen, dann wird es Ihnen leichter fallen, dies einem Kunden zu vermitteln.

Jeder Service ist eine Chance, diesen Gedanken sollten Sie verinnerlichen!

Vom Umgang mit Stornos

Natürlich gibt es im DV, wie überall im Verkauf, die Stornierung einer Bestellung.

Dennoch ist die Anzahl der Stornierungen von Aufträgen im DV deutlich niedriger als im stationären oder Onlinehandel. Dies ist in erster Linie sicher der guten Beratung und auch dem nicht ganz so spontanen Einkauf geschuldet.

Aber wie schon gesagt, gibt es natürlich den einen oder anderen Fall, in dem der Kunde sich nach dem Kauf zu einer Rückgabe entschließt.

Ein paar Aspekte sind hier von Nutzen:

❖ Machen Sie sich mit der Stornoquote Ihres Unternehmens vertraut. (Zur Ermittlung der Stornoquote betrachtet man die Anzahl der stornierten Aufträge in Relation zur Gesamtanzahl aller Aufträge).

❖ Hinterfragen Sie, warum ein Kunde storniert. Das ist das Wichtigste bei jeder Stornierung. Nur so können Sie und auch Ihr Unternehmen langfristig die Stornoquote positiv beeinflussen.

❖ Hinterfragen Sie sich selbst: In welcher Art und Weise haben Sie dem Kunden dieses Produkt verkauft?

❖ War das wirklich ein Kauf aus Überzeugung?

❖ Bleiben Sie auch bei einer Stornierung freundlich und entgegenkommend. Gerade in diesen Situationen unterscheidet sich ein „guter" von einem „schlechten" Verkäufer.

❖ Ein Profi wird hier mit einer verständnisvollen Art immer die Chance haben, einen Kunden für die Zukunft zu gewinnen!

Auch hier ein Beispiel aus der Praxis:
Eine Kundin, auf der Präsentation eines Schmuckhandels, war wahnsinnig begeistert von mehreren Schmuckstücken. Am Ende des Abends bestellte sie sich gleich zwei komplette Schmucksets. Jeweils einen Ring, ein Collier, ein Armband und passende Ohrstecker. Die Gesamtrechnung betrug etwas mehr als 900 Euro.

Für die Beraterin war es dadurch mit einem Gesamtumsatz von 1700 Euro die höchste Summe, die sie bis dahin auf einer Präsentation geschrieben hatte.

Am Morgen nach dieser Präsentation rief die Kundin bei der Beraterin an und erzählte recht zerknirscht, dass ihr Mann völlig entsetzt über die Summe war, die sie ausgegeben hatte.

Sie hatte mit dieser Bestellung einen heftigen Streit ausgelöst und stornierte nun nicht einen Teil, sondern gleich die ganze Bestellung.

Die Beraterin bewahrte die Ruhe, sprach der Kundin ihr Verständnis für diese schwierige Situation aus und brachte das Gespräch in die Richtung, die Kundin könne sich doch das eine oder andere Schmuckstück als Gastgeberin schenken lassen.

Am Ende blieb es zwar bei der Stornierung des Auftrags, aber die Beraterin hatte eine ihr sehr verbundene, neue Gastgeberin gewonnen (die übrigens über Jahre hinweg eine tolle GG blieb).

Terminverschiebungen/ Terminabsagen (kurz TV und TA)

❖ Zu der Tätigkeit in einem DV gehören TV und TA einfach dazu.

❖ Es ist gut, sich darüber im Klaren zu sein und diese Tatsache in die eigene Planung mit einzubeziehen!

Schauen wir einmal genauer hin:
TV: Die Terminverschiebung kommt sicher häufiger vor als eine TA.

❖ Eine TV kann durch viele verschiedene Aspekte entstehen: eine Krankheit, zu viele Gäste haben abgesagt, überraschende eigene Verpflichtungen, die Kinder wurden krank, berufliche Verpflichtungen ... Eine TV kann immer passieren, und dennoch ist es wichtig, dass Sie für sich persönlich im Blick haben, ob Sie überdurchschnittlich viele Verschiebungen haben (in Ihrem Vertrieb wird es hierzu Kennzahlen geben) und vor allem, aus welchen Gründen eine GG kurzfristig verschiebt.

❖ Jeder Termin, der kurzfristig verschoben wird, bedeutet für Sie: Ich habe heute keinen Umsatz generiert.

❖ Wenn wegen Krankheit oder Ähnlichem verschoben wird, dann können wir das nicht ändern. Wenn Sie aber häufig Verschiebungen haben, bei denen die GG sagt, die Gäste hätten kurzfristig abgesagt oder sie habe nicht genug Gäste zusammenbekommen, dann machen Sie sich Gedanken darüber, ob Ihre Vorbereitung der GG gut und ausreichend war. (Wie lädt die GG ihre Gäste ein? Wie begeistert ist sie von Ihrem Produkt? Will sie wirklich gerne GG sein ...?)

❖ Bei der TA können unsere Gedanken in folgende Richtung gehen: Wollte diese Kundin wirklich GG werden? Habe ich sie eventuell nur zu diesem Termin gedrängt? Ist es mir gelungen, die Präsentation als ein besonderes Event zu „verkaufen"? Wollte diese Kundin eventuell nur ein Geschenk für Gastgeberinnen mitnehmen? Es ist sehr wichtig, sich über diese Dinge Gedanken zu machen! Ein voller Terminkalender ist nur dann wertvoll, wenn Sie sich auf die von Ihnen gebuchten Termine verlassen können. Generell werden Sie keine Freude an GG haben, die nicht überzeugt, sondern nur überredet wurden, einen Termin bei Ihnen zu buchen.

❖ Wenn eine Kundin Sie anruft und einen Termin absagt, dann sprechen Sie Ihr Bedauern aus, sagen Sie, dass Sie hoffen, dass Sie sich bei Frau XY wiedersehen, und bleiben Sie freundlich und gelassen! Nur so bleibt Ihnen diese GG wenigstens als Kundin erhalten.

Der Gewerbeschein / die Steuern

Auf das Thema „Steuern" möchte ich hier nicht explizit eingehen, die Veränderungen im Bereich der Steuern sind nicht kalkulierbar, sodass es mir gar nicht möglich wäre, hier Allgemeingültiges zu schreiben. Es ist vielmehr sinnvoll, dass Sie sich zu dem Zeitpunkt, an dem Sie mit einer Tätigkeit im DV beginnen, mit diesem Thema auseinandersetzen!

Generell aber gilt Folgendes:

Als Mitarbeiter im Direktvertrieb sind Sie selbstständig und beginnen in der Regel als Kleinunternehmer. Als Kleinunternehmer haben Sie einmal jährlich eine „Einnahmen-Überschuss-Rechnung" beim zuständigen Finanzamt abzugeben. Über das Jahr haben Sie somit durch die Selbstständigkeit keinen steuerlichen Mehraufwand. Wichtig ist, vom Beginn der Tätigkeit an Belege für alles, was Sie an Kosten geltend machen können, zu sammeln. Um welche Kosten es hier geht, erfahren Sie von Ihrem Direktvertrieb oder im Netz. Diese Kosten hier aufzulisten wäre nicht hilfreich, weil die Höhe der absetzbaren Kosten sich jährlich ändern kann.

Thema „wieder aufstehen"

*„Es gibt mehr Leute, die kapitulieren, als
solche, die scheitern."*
(Henry Ford)

Sie sind selbstständig, und da wird es, wie immer im Leben,
leichte und schwere Phasen geben. Erfolgreiche Projekte und
auch Unternehmungen, deren Ergebnisse nicht dem
entsprechen, was Sie sich erhofft haben. Das gehört dazu.

Es ist weder schlimm noch falsch, denn nur wenn Sie immer
wieder Neues ausprobieren, können Sie sich
weiterentwickeln. Verlassen Sie regelmäßig Ihre
Komfortzone. Darunter versteht man den Bereich, in dem Sie
sich „sicher" fühlen, den Bereich, in dem Sie wissen, wie Sie
Dinge angehen müssen, damit Sie erfolgreich werden. Mit
dem Verlassen der Komfortzone begeben Sie sich in die
Wachstumszone und erweitern so ständig Ihren Horizont.

So entwickeln Sie sich selbst und damit auch Ihr
Unternehmen permanent weiter!

„Wer Ausdauer besitzt, ist schon fast am Ziel."
(Ernst R. Hauschka)

Das sagt sich so leicht. Aber wie macht man das?

Orientieren Sie sich an den Erfolgen, die Sie bereits zu verzeichnen haben! Machen Sie sich Ihre Kompetenzen bewusst. Seien Sie stolz auf das, was Sie schon erreicht haben. Mit diesem Wissen kann man auch neue, ungewohnte Wege betreten.

Sie sind selbstständig, und der größte Teil Ihrer Motivation kommt von Ihnen selbst!

„Alles Denkbare ist auch machbar."
(Albert Einstein)

Glauben Sie immer an sich!

Wenn Sie einmal in einer Phase feststecken, in der Sie das Gefühl haben, dass es nicht weitergeht, und Ihre großen Erfolge scheinen verblasst zu sein, dann suchen Sie sich neue Ziele.

Seien Sie mutig und überlegen Sie, was Ihnen jetzt helfen könnte!

1. Neue Ziele?
2. Gespräche mit Kollegen?
3. Seminare/ Workshops?
4. Alte Timer studieren und erkennen, dass es diese Phasen immer schon gab?

Machen Sie sich Gedanken, welche Alternativen Sie hätten, wenn Sie diese Phase nicht durchhalten möchten. Gäbe es andere Jobs, in denen es dauerhaft leichter wäre, Geld zu verdienen?

Akzeptieren Sie, dass solche Phasen im Berufsleben immer dazugehören. Aber fallen Sie nicht ins Jammertal.

Viele Menschen verbringen zu viel Zeit damit, darüber zu debattieren, was alles nicht geht. Das ist verschwendete Zeit!

Was nicht geht, wissen wir. Was wir in diesen Phasen brauchen, ist der Blick nach VORN.

Der Unterschied zwischen Selbstständigen und Angestellten ist, dass Sie sich selbst motivieren müssen und keiner da ist, der Sie in die richtige Richtung drängt.

Machen Sie sich hier einfach einmal Ihre Vorteile bewusst!

Sie wollen die Eigenständigkeit!

Sie wollen die Selbstbestimmung!

Sie wollen die Unabhängigkeit!

Schauen Sie auf diese Vorteile, die Sie in Ihrer Selbstständigkeit haben, dann wissen Sie, warum es sich lohnt weiterzumachen.

„Erfolg ist der Sieg der Einfälle über die Zufälle."
(Graffito)

Die Vorteile des Direktvertriebs zusammengefasst

Vorteile für den Konsumenten:

- ❖ Einen persönlichen Ansprechpartner
- ❖ Persönliche Beratung
- ❖ Kompetente Beratung
- ❖ Selbstständige Berater mit dem entsprechenden Einsatz
- ❖ Von Ladenöffnungszeiten unabhängiges Einkaufen
- ❖ Bequemes Einkaufen zu Hause
- ❖ Eine Präsentation ist ein „Event" / stöbern und kaufen mit Freunden.
- ❖ Tolle Zusatzgeschenke durch verschiedene Firmenaktionen
- ❖ Schnelle, effiziente Hilfe bei Reklamationen
- ❖ Als Gastgeber besondere Vorteile genießen
- ❖ Häufig qualitativ hochwertige Produkte

Vorteile für den Berater:

- ❖ Die Tätigkeit ist nebenberuflich oder hauptberuflich möglich. Auch ein Wechsel von einem zum anderen ist möglich
- ❖ Selbstständigkeit ohne finanzielles Risiko
- ❖ Selbstständigkeit ohne laufende Kosten (wie z.B. Büromiete, Strom, Werbung, Lagerbestände etc.).

- ❖ Selbstständigkeit ohne die Verantwortung für das Marketing
- ❖ Reelle Chance auch für Quereinsteiger
- ❖ Selbstständig sein und dennoch in einem (meistens) tollen Team arbeiten
- ❖ Freie Zeiteinteilung
- ❖ Karrieremöglichkeiten für jeden
- ❖ Incentives
- ❖ Interne Schulungen
- ❖ Ein interessantes Arbeitsumfeld durch immer wieder neue Kontakte
- ❖ Permanente Weiterbildung, die auch im privaten Bereich oder dem Hauptberuf nützlich sein kann

„Das Geheimnis meines Erfolgs?
Nie entmutigt sein."
(Ernest Hemingway)

Nachwort

Ich wünsche Ihnen viel Erfolg und natürlich Spaß bei Ihrer Tätigkeit im Direktvertrieb!

Genießen Sie es, sich permanent weiterzuentwickeln, und verdienen Sie das Geld, das Sie sich vorgenommen haben!

Mein inniger Dank geht an meine Kinder und meinen Mann, die mich beim Schreiben dieses Buches so geduldig unterstützt haben und immer an meinen Erfolg geglaubt haben.

Ebenso danke ich von ganzem Herzen meiner Lektorin Beate Rossa, sie hat mich mit großer Kompetenz und einer sehr hohen Wertschätzung wunderbar bei diesem Projekt begleitet.

Und selbstverständlich danke ich allen ehemaligen Mitarbeitern und Kollegen für die großartige Zusammenarbeit und die genialen Zeiten, die wir miteinander verbracht haben.

Zeitfracht Medien GmbH
Ferdinand-Jühlke-Straße 7
99095 Erfurt, Deutschland
produktsicherheit@kolibri360.de